日中友好ブックレット　3

日本は中国でなにをしたか
——侵略と加害の歴史——

概説・監修　笠原 十九司（都留文科大学名誉教授）

日本中国友好協会　編

本の泉社

（表紙写真）上は「川は血で赤く染まっていた」と証言する全伯安さん（73 ページ）。下は左から富永正三さん（22 ページ）、夏淑琴さん（34 ページ）、土屋芳雄さん（57 ページ）、敬蘭芝さん（45 ページ）。

（裏表紙写真）「柳条湖爆破地点碑（炸弾碑）」。中国側が鉄道を爆破したとアピールするために関東軍が爆破地点に建てた記念碑。戦後、横倒しにされ現在は九・一八記念館の横に展示、柳条湖事件が関東軍の謀略であったことを伝えている。

はじめに

　2017年は日本の侵略戦争が中国全土に拡大する契機となった盧溝橋事件から80年という大きな節目にあたりました。そして、2018年は、日本が近代化とともに脱亜入欧、富国強兵、対外進出へと向かう明治元年から150年の節目にあたり、「明治の精神に学び、日本の強みを再認識することは、大変重要なこと」として、日本政府は関連施策を推進してきました。

　明治から昭和にかけて日本は戦争を繰り返し、とりわけ、1931年9月18日の柳条湖事件（満州事変）にはじまり1937年7月7日の盧溝橋事件をきっかけにして中国全土へとひろげられた侵略戦争は、さらに1941年12月8日にアジア太平洋地域へと拡大し、中国をはじめとした2000万人にもおよぶアジア諸国民が犠牲となりました。

　この長期にわたる日本の戦争は、多くの若者が命を落とした戦場だけでなく、空襲、原爆、沖縄戦をはじめとして310万人にのぼる日本国民にも犠牲を強いましたが、この戦争は中国をはじめとしたアジア諸国に対する侵略戦争であり、その与えた被害は言語に絶するものがあります。

　日清戦争、日露戦争、朝鮮の植民地化、中国侵略、アジア太平洋戦争への拡大、そして敗戦と、明治から昭和にかけての日本は「戦争の時代」にありました。戦後の日本は、この戦争の反省の上に「戦争放棄」を謳った憲法を制定し、平和国家としての道を歩み続けてきました。平和憲法に対する攻撃が強まっているいま、「戦争の時代」という負の歴史と真摯に向きあい、戦争の過ちを繰り返さないことが求められています。

　2016年に「市民ネットワーク」がおこなった大学生の歴史認識に対するアンケートで、「日中戦争を知っている」との回答は8割にのぼりましたが、中国での南京大虐殺などの加害行為について説明できると答えたのは5割に満たなかったと発表されています。戦争体験者の高齢化が進み、体験を聞く機会がない世代が多数を占めるいま、侵略戦争の事実、最大の被害を与えた中国侵略の具体的な事実を知ってもらうことが大事になっています。

　中国との戦争については多くの出版物が発行されていますが、このブックレットでは侵略戦争の概説とともに、被害者の証言や加害行為をおこなった軍

人の体験を具体的に紹介し、中国への侵略戦争の実態を明らかにします。

　ブックレットは笠原十九司都留文科大学名誉教授が侵略の概説を記述。加害者、被害者の証言と軍人の紹介はコラムで編集部が記述、監修を笠原先生にお願いしました。

　日本中国友好協会は、中国をはじめとした国々への侵略戦争を再び繰り返させないために、不再戦平和運動を柱としています。このブックレットを多くの方に読んでいただき、学習会を開いてさらに学びあうなどして、日本が再び戦争への道を歩まないようにするための一助になればと願っています。

2018 年 9 月 18 日
日本中国友好協会
「日中友好ブックレット 3」編集委員会

〈目　次〉

プロローグ

　昭和天皇の弟であり、日本軍に従軍した最後の皇族であった三笠宮崇仁親王は、著書『古代オリエント史と私』のなかで、日本軍がおこなった戦争について次のように記しています。

　「1936 年の春、士官学校本科を卒業した私は、千葉県習志野の騎兵第 15 聯隊に勤務を命じられました。そして 1939 年の暮、陸軍大学校に入学するまで各種の教育を担当しました。その頃のことで、今もなお良心の呵責にたえないのは、戦争の罪悪性を十分に認識していなかったことです。それゆえ、精神訓話（当時の軍隊用語）のさいには、日本軍のおこなう戦争は正義のいくさであると、部下に教えていました。

　……1943 年 1 月、私は支那派遣軍参謀に補せられ、南京の総司令部に赴任しました。そして 1 年間在勤しましたが、その間に私は日本軍の残虐行為を知らされました。ここではごくわずかしか例をあげられませんが、それはまさに氷山の一角に過ぎないものとお考えください。

　ある青年将校——私の陸士時代の同級生だったからショックも大きかったのです——から、兵隊の胆力を養成するには生きた捕虜を銃剣で突きささせるにかぎる、と聞きました。また、多数の中国人捕虜を貨車やトラックに積んで満州の広野に連行し、毒ガスの生体実験をしている映画も見せられました。その実験に参加したある高級軍医は、かつて満州事変を調査するために国際連盟から派遣されたリットン卿の一行に、コレラ菌を付けた果物を出したが成功しなかった、と語っていました。」

三笠宮崇仁親王

　この三笠宮親王の証言をはじめ、多くの日本兵の証言から見えてくるのは、非人間的な加害体験は特定の個人の突発的な行為ではなく、日本軍という「人間が人間であることを許さない」組織のなかでシステマティックにおこなわれたという事実です。

　このブックレットで取り上げられている数々の証言もそのことを明らかにしています。

　富永正三さんが体験した捕虜の斬首は見習い士官の教育の総仕上げとしておこなわれたものであり、この体験を分岐点として富永さんは一人前の将校、言い換えれば「鬼」へと変わりました。石田新作さんは陸軍軍医学校での石井四郎の講義に昂奮する自らも含めた医学生たちの姿をとおして、七三一部隊は陸軍軍医学校の落とし子であると語っています。

　湯浅謙さんが体験した生体解剖は、負傷した日本兵を再び戦力として前線へ戻すための手術演習であり、田川正一さんの証言は、この生体解剖が軍医だけでなく担架兵と呼ばれる兵隊にもおよんでいたことを明らかにしています。

　土屋芳雄さんの証言にある捕虜の刺突訓練は、初年兵に強制されたものであり、生身の人間を銃剣で突き刺すことで、平気で人を殺すことのできる兵士につくり上げることを目的にした初年兵教育の一環でした。日本軍は戦争を遂行し続けるなかでの経験則から、普通の人間を殺人のできる兵隊へと育て上げる訓練を生み出していきました。

　中国側が「三光作戦（焼き尽くし、殺し尽くし、奪い尽くし）」と呼んだ日本軍の残虐行為は、1940年8月26日、北支那方面軍第1軍参謀長の田中隆吉少将が「敵根拠地を燼滅掃蕩し敵をして将来生存する能はざるに至らしむ」と命令したことから、「燃えかすひとつ残すな」と徹底した破壊と消滅を命じた「燼滅掃討作戦」といわれる日本軍の作戦でした。この非道な作戦は日本が戦火をアジア太平洋地域へひろげるのと並行して展開され、日本の敗戦まで中国全土に甚大な被害をもたらしました。

　中国人強制連行は日本国内の労働力不足を補うために、企業と国が結託して実行した国策であり、満蒙開拓団は日

田中隆吉少将

本国内の貧困を解消し、中国に資源を求める侵略政策の一環でした。

　重慶爆撃は、「政治、経済、産業等の中枢機関を破壊し、又は直接其の住民を空襲し敵国民に多大の恐怖を与へて其の戦争意志を挫折する」（航空部隊用法、陸軍航空本部調整1937年）とあるように、中国政府と民衆に恐怖を与え、戦意を喪失させるために実行されたもので、世界ではじめての民間人に対する無差別爆撃であり、これは、以後の日本全土に対する米軍の無差別爆撃へとつながっていきました。

　中国に対する侵略政策のもとでの加害行為は、中国帰還者連絡会の元戦犯た

ちの証言や、『侵略』、『三光』などの出版物、1970年代末から本格化した「平和のための戦争展」活動などをとおして明らかにされていきました。そして、1995年からはじまる「中国人戦争被害者訴訟」では、数々の加害行為が各裁判所で事実として認定されました。

　日本の侵略政策と加害行為は否定できない事実であり、国際社会はこの事実認識を共通の常識としています。それにもかかわらず、日本社会は誤った歴史認識を払拭できないままにいます。そればかりか、侵略戦争を正当化し、歴史を歪曲する政治家たちが政権を担うという状況が生まれています。

　日本軍トラック部隊の兵士として中国戦線に従軍し、上海や南京を攻略する最前線部隊の後を追うように転戦し、上海事件、南京事件をはじめとした侵略戦争の真実を写真に残した村瀬守保さんは、戦後になって、以下のように述べています。

　「一人一人の兵士を見ると、みんな普通の人間であり、家庭では良きパパであり、良き夫であるのです。

　戦場の狂気が人間を野獣にかえてしまうのです。

　このような戦争を再び許してはなりません。」

　このブックレットに掲載された「侵略と加害の歴史」と加害と被害の証言は、人間が人間であることを許さない戦争の実態と本質を明らかにしています。国家に命を捧げることが「美しく尊い」とされたかつての社会は、戦死した兵士を英雄にまつり上げ、「英霊」の名のもとに侵略戦争の非人間的な実態を覆い隠すとともに、愛する人を亡くした家族が嘆き悲しむ姿を見せることも許しませんでした。このような理不尽な戦争を体験した国民の多くが、思想信条、政党政派をこえて、「戦争だけは繰り返してはならない」、「憲法9条を変えてはならない」と訴え続けてきました。

　このブックレットに掲載された戦争体験は、氷山の一角に過ぎません。このブックレットが伝える事実の向こうには、私たちの想像をこえる、数えることなど到底できない無数の体験があるのです。戦争の恐ろしさを体感した体験者のほとんどがこの世を去るなかで、戦争体験をどう受け継いでいくかが問われています。

日本は中国でなにをしたか
——侵略と加害の歴史——

笠原 十九司（都留文科大学名誉教授）

｜ 1 ｜ 半世紀にわたり中国を侵略しつづけた日本

　明治維新によって天皇制統一国家を創出した日本は、大日本帝国憲法第1条に「万世一系の天皇之を統治す」と天皇が主権者であることを宣言し、第11条に「天皇は陸海軍を統帥す」と軍備、作戦、用兵、開戦決定など軍隊の最高指揮権は天皇にあることを謳い、第20条に「日本臣民は……兵役の義務を有す」と定めたように、天皇が絶対的な統帥権をもつ軍隊（皇軍）に、成年男子臣民（国民）が義務として兵役に服する徴兵制が強制された。

　明治国家は富国強兵政策を第一の目標にすえ、陸軍・海軍はフランスやイギリス、プロシア（ドイツ）などの武器や兵制を導入して、近代的な軍隊の創設に邁進した。さらに天皇が発動した戦争には進んで命を犠牲にする軍人精神を説いた軍人勅諭＊への絶対服従を強制し、さらに忠君愛国を究極の国民道徳と定めた教育勅語＊を学校教育の要にすえて幼少時から天皇崇拝と軍国主義精神の徹底をはかった。

　隣国の清国（中国）や朝鮮に比較して、いち早く富国強兵政策に成功し、天皇制軍国主義国家となった日本は、1894（明治27）年の日清戦争にはじまり、

＊**軍人勅諭**　1882（明治15）年、明治天皇から軍人に下した勅諭。戦前の軍人は絶対に守らなければならないとされ、敗戦まで日本軍の精神教育の中心とされた。天皇の国家への絶対的忠誠をもとめ、そのためには、軍人の死を「鴻毛よりも軽し」として、生命を軽んじた。

＊**教育勅語**　1890（明治23）年、道徳の根本、教育の基本理念を教え諭すという建前で出された天皇の言葉（勅語）。日本は天皇の祖先が建てた国であり、それを治めるのはその子孫の天皇であるとし、国民を天皇に仕える「臣民」とした。父母に孝に……などと当たり前にみえる道徳項目を掲げているが、これらはすべて、「一旦緩急あれば」すなわち、戦争があれば命をささげ天皇に忠義を尽くすことをもとめた。

1945（昭和20）年の敗戦にいたるまで、以下のように近隣の東アジア、東南アジア諸国への侵略戦争を拡大しつづけたのである。日本は、侵略戦争の実態や本質を隠蔽（いんぺい）するために、あたかも戦争ではないかのように、（　）で記したような「事件」「出兵」「事変」という呼称を意図的に使用したが、それが効果を発揮して歴史用語として一般に定着している。

「日清戦争」：1894年〜1895年、「義和団戦争（義和団事件・北清事変）」：1899年〜1901年、「日露戦争」：1904年〜1905年、「日独青島（チンタオ）戦争（第一次世界大戦）」：1914年〜1918年、「シベリア干渉戦争（シベリア出兵）」：1918年〜1922年、「山東出兵」：1927年〜1928年、「満州事変・十五年戦争あるいは日中十五年戦争の開始」：1931年〜1945年、「日中戦争（北支事変ついで日支事変）」：1937年〜1945年、「ノモンハン戦争（ノモンハン事件）」：1939年、「アジア太平洋戦争・太平洋戦争（大東亜戦争）」：1941年〜1945年。

　上記から明らかなように、戦前の日本すなわち天皇制の大日本帝国は、1894年の日清戦争からはじまって、半世紀余にわたって10年も間をおかずに侵略戦争をおこなってきた軍国主義国家であった。これらの日本の侵略戦争の戦場のほとんどに中国が含まれていた。中国には1874（明治7）年の明治政府の台湾出兵を日本の中国侵略戦争の開始ととらえ、日本の敗戦の1945年までにいたる日本の「侵華70年戦争（中国侵略70年戦争）」という呼称もある。

　上記の日本の中国侵略戦争の性格は第一次世界大戦を画期として大きく変わっている。日清・日露戦争は、結果論的になるが「朝鮮の植民地化戦争」といえた。欧米帝国主義に比べて後進的帝国主義であった日本は、日清戦争の下関（りょうとう）条約*で獲得した遼東半島を三国（ロシア・フランス・ドイツ）干渉によって返還を余儀なくされたように、日本単独で中国侵略を認められる地位になかった。日露戦争はまさに「朝鮮の植民地化戦争」といえ、勝利した日本が「韓国併合」（1910年）への地歩を築いた戦争であった。

　それが、イギリスやフランスなど日本にとっての先進帝国主義諸国が第一次世界大戦に国力を消耗して、中国支配から後退していったのを千載一遇（せんざいいちぐう）の「天佑（てんゆう）」（天の助け）ととらえて、日本は侵略を中国全土に拡大しようとしたので

＊下関条約　日本と清国の間で1895年に締結された日清戦争の講和条約。清国は朝鮮の独立を確認し軍費2億テール（当時の日本の国家予算の2倍以上の額）を賠償、遼東半島・台湾・澎湖諸島の日本への割譲などを内容とする。

ある。その第一弾が対華二十一ヵ条*の強要であった。

| 2 | 1915 年の対華二十一ヵ条要求——日本の中国侵略構想の提示

　1914 年 7 月 28 日ヨーロッパで第一次世界大戦が開始されると、日本は日英同盟*を口実にドイツに宣戦布告、ドイツ東洋艦隊の根拠地である要塞都市青島（チンタオ）を軍事占領した。日独青島戦争である。第一次世界大戦の長期化を利用して日本は 1915 年、中華民国の袁世凱（えんせいがい）政権に対華二十一ヵ条要求をつきつけ、最後通牒を出して圧力をくわえ、5 月 9 日に袁世凱政権に受諾させた。二十一ヵ条要求は、「韓国併合」につづいて、満州（中国東北）や山東半島、さらには中国全土に日本の支配を拡大する構想をもっていた。日本は満州事変・日中戦争を発動して中国の軍事支配を企図したが、二十一ヵ条要求の強要は、満州事変・日中戦争の「前史」のはじまりであった。

　日本が侵略戦争の対象とした中国は、1911 年の辛亥（しんがい）革命により建国された中華民国であった。国家の主権者意識に目覚め、自覚した中国国民が最初に展開したのが二十一ヵ条要求反対運動であった。それは、以後長期にわたり日本の侵略政策に反対して展開される中国民衆の抗日民族運動の起点となり、日中戦争の開始にともない抗日戦争へと発展した。

　1917 年 11 月ロシア革命によってロマノフ王朝が打倒され、レーニンの率いるボルシェビキ（ソ連共産党の前身）がソビエト政権を樹立すると、アメリカ・イギリス・フランスをはじめとする列強は内戦を開始した反革命政権を援助するためにシベリア出兵（シベリア干渉戦争）をおこなった。

　日本はシベリア出兵を満州とロシアの沿海州に進出する絶好の機会ととら

＊**対華二十一ヵ条要求**　1915 年 1 月に提出した要求。ドイツが山東省にもっていた一切の権益（権利と利益）を日本へ譲渡、関東州租借期限、南満州鉄道権益期限の 99 ヵ年延長、「満州」南部・東部内蒙古における日本の優越性の確立、中国沿岸部の港湾・諸島の他の列強に対する割譲・貸与の禁止などを内容とする。さらに希望条項として軍事顧問の要求など植民地と等しい要求を出した。日本は希望条項の大部分を除き、袁世凱に受諾させた。これは国際的な批判を浴び、中国国内では受諾させられた 5 月 9 日を「国恥記念日」として大規模な反対運動が起きた。

＊**日英同盟**　ロシアのアジア進出をけん制する目的で日本とイギリスの間で 1902 年に結ばれた軍事同盟。

え、シベリア干渉戦争の連合国軍総数約9万人のうち、8割を占める7万2000人の軍隊を派遣した。日本はシベリア出兵を利用して南満州から北満州へ軍事行動を拡大、1919年4月、関東庁*を発足させるとともに行政から独立した関東軍*を成立させた。関東軍は統帥権（とうすい）の独立を盾に張作霖爆殺事件、柳条湖事件の謀略を策動（ちょうさくりん）、満州事変を引き起こした。ここから満州事変の1つの「前史」がはじまった。

| **3** | 満州事変・日中戦争への道の転換点となった1928年

　歴史にはある期間に重要な事件が集中して発生、歴史の流れが大きく変わる転換点（turning point）がある。

　革命家孫文は中華民国北京政府*に対抗して、広東に広東軍政府*を樹立（そんぶん）、試行錯誤を経ながら、ソ連の援助を受けて国民党を組織して1921年に広東政府を設立、さらにソ連の赤軍（共産党軍）をモデルにした国民革命軍を組織した。孫文は中国共産党との合作を進め、1924年の国民党第1回全国代表大会において共産党員も国民党政府、組織、機関に参加できるようにした（第1次国共合作）。

　孫文の死後、革命遺志をついだ広東国民政府*は、国民革命軍（蒋介石総司令）による中国全土の統一と帝国主義列強からの主権回収をスローガンにかかげ（しょうかいせき）、北京政府からの奪権をめざして1926年に北伐戦争を開始した。中国国民革命である。これを多くの中国国民は積極的に支持、あるいは参加した。

　国民革命軍が山東省を北上しようとすると、日本は国民革命に敵対し、田中義一内閣（政友会）はそれを妨害、阻止するために3次にわたって、山東出兵（ぎいち）をおこない、山東省の省都済南の軍事占領をつづけた。済南を迂回した国民革（さいなん）命軍は北京を占領して北京政府を崩壊させ、1928年に蒋介石国民政府（南京

＊**関東庁・関東軍**　関東州と南満州鉄道の付属地を警備していた日本陸軍部隊。日露戦争後置かれた関東都督府が1919年関東庁に改組された際その陸軍部が独立したもの。「満州国」 成立後は日本の「満州」支配の中核的役割をになった。

＊**北京政府・広東軍政府・広東国民政府**　北京政府は1912年から1928年まで袁世凱（かんとん）にはじまって軍閥などが政権をもっており、孫文は当時の北京の段祺瑞政権に対抗して1917（だんきずい）年、広東に軍政府を樹立した。広東軍政府は何回かの浮沈をみて、1925年、孫文死後に広東国民政府（主席汪精衛）に改組された。（おうせいえい）

を首都としたので南京政府ともいわれる）による中国統一はひとまず達成された。

　日本は、北京政府を統治していた張作霖が北伐軍に決定的に敗北し、国民政府の勢力が彼の基盤である満州にまでおよぶようになることを恐れ、本拠地の奉天（現瀋陽）に退去するよう勧告した。北京にとどまることに最後まで執着した張作霖も、後楯となっていた日本の勧告を受

張作霖爆殺現場
（撮影・救世軍奉天小隊長・管照吉）

け入れ、1928年6月3日、専用列車で北京を離れた。翌6月4日早朝、奉天駅にさしかかった張作霖の列車は、関東軍高級参謀・河本大作の謀略による満鉄線爆破のために押しつぶされ、張作霖は死亡した。河本大作は、これを国民革命軍の仕業として、関東軍を出動させ、満州を軍事占領する計画だった。しかし、張作霖の側近がその死を1週間にわたり隠したために、張作霖が死んだとは思われず、河本らは武力発動をする機会を失してしまい、謀略は失敗に終わった。しかし、日本政府と軍部は張作霖爆殺事件の真相をいっさい国民に知らせなかった。

　1928年3月田中義一内閣は共産党勢力に大弾圧をくわえて組織活動をほぼ壊滅させたうえ、同年6月、治安維持法＊を改悪して最高刑を死刑とした。以後日本の敗戦まで治安維持法体制は政治活動、言論思想弾圧に猛威をふるい、日本国民が軍部・政府の戦争政策に反対することはほとんど不可能になった。1928年は日本が満州事変・日中戦争の「前夜」へと歴史の歯車を大きく回転させた転換点となった。

｜ 4 ｜ 満州事変──中国侵略十五年戦争の開始

　1931年9月18日夜、関東軍参謀の石原莞爾は、同じく参謀の板垣征四郎ら

＊治安維持法　1925年に制定された天皇制に反対する反体制運動の抑圧をねらった治安立法。1928年には最高刑を死刑とし、41年の改悪では予防拘禁制をとりいれた。この法律により、共産党は弾圧されて壊滅状態とされ、自由主義者や宗教家にも弾圧が及び、侵略戦争に反対する芽が摘みとられた。

とはかって奉天近郊の柳条湖で満鉄線を爆破、これを張学良（張作霖の息子）の東北軍の仕業として軍事行動を開始した（柳条湖事件、満州事変のはじまり）。石原莞爾は 3 年前の河本大作らの張作霖爆殺事件の失敗を繰り返さないために、謀略を周到に計画、準備した。いっぽう中国側では、父張作霖から中国東北（満州）の支配基盤を受けついでいた張学良が柳条湖事件を関東軍の挑発行動とみて東北軍に「不抵抗」を命じ、中国国民政府主席の蒋介石も「安内攘外（国内を安定させてから外国の侵略軍を駆逐する）」政策すなわち、国内の共産党のソビエト政権の撲滅をしてから日本の侵略に対抗する、という方針をとり、張学良に「不抵抗」を命じた。そのため関東軍は容易に軍事作戦を展開し、4 ヵ月後に満州の主要都市と鉄道を占領した。

これにたいし、中国国民政府は、国際連盟にたよって柳条湖事件を解決しようと、31 年 9 月 21 日に国際連盟に提訴した。

民政党の若槻礼次郎内閣は、不拡大方針を声明したが、関東軍はこれを無視して軍事行動を拡大したので、不拡大方針を破綻させられた若槻内閣は 12 月 11 日に総辞職し、代わって政友会の犬養毅内閣が成立した。

1932 年 1 月昭和天皇は、関東軍の「果断迅速」の行動を全面的に称賛し、「朕深くその忠烈を嘉す」という勅語を発した。関東軍の謀略と独断により、若槻内閣の不拡大方針を無視して展開した軍事行動は、天皇の追認を受け、満州事変と満州侵略は日本の国策となったのである。ついで関東軍の策謀により、同年 3 月 1 日、「満州国*建国」を宣言、清朝最後の皇帝溥儀を執政に就けた。

日本では政友会総裁の原敬が首相になって以後、政党の総裁が首相となり組閣する政党内閣制がつづいていた。しかし 1932 年 5 月 15 日海軍青年将校グループが「国家改造」を唱えて決起、首相官邸を襲撃し犬養首相を殺害した（五・一五事件）。これにより政党内閣政治は終焉をつげ、軍部による強権政治

＊満州国　1931 年 9 月 18 日の柳条湖事件を突破口に、日本は中国東北部（現在の遼寧・吉林・黒竜江の 3 省）を占領、翌 1932 年、「満洲国」という「独立国」をつくった。満州国は「独立国」と宣伝されたが、日本の満州における権益と日本軍の駐留を認めた 1932 年の「日満議定書」をはじめ、軍事、行政のすべてを完全に日本が支配権をもった傀儡国家だった。日本は鉄道や鉱山、工業などで中国人の労働者を劣悪な条件下で酷使し、富を吸い上げた。また、農民の土地を奪って日本人の「開拓団」を送りこんだ。1945 年の日本の敗戦とともに消滅した。

がはじまった。

1933 年 2 月国際連盟総会は満州事変と「満州国」について日本の主張を認めない決議を賛成 42、反対 1（日本）、棄権 1 で採択した。日本はこれに反発して、翌 3 月国際連盟脱退を通告、天皇も国際連盟脱退の詔勅を下した。こうして日本は、国際的孤立をものと

抗日運動の壁画（撮影・村瀬守保）

もせずに暴走する、世界のなかの“無法国家”となった。

中国東北軍民の抵抗

満州事変にたいして、蒋介石と張学良が不抵抗主義政策をとり、日本軍の満州侵略にたいする抗戦を回避したのにたいし、これに憤激した各地方の在地の軍隊や民衆が自発的に武装組織を結成して、反満州国抗日ゲリラ闘争（反満抗日闘争）に立ち上がった。各地には学生や知識人が広範な民衆を結集して抗日救国会を組織して、抗日意識の宣伝と義勇軍への参加を呼びかけ、軍資金集めなどおこない、これらの反満抗日闘争を支援した。

満州事変直後から、東北各省在地の軍人や地方軍閥、張学良の東北軍の残存兵力の諸部隊、さらには大刀会や紅槍会などの伝統的な民衆武装自衛団、中国共産党の指導下に組織されたゲリラ部隊などが、東北抗日義勇軍、東北国民救国軍、東北民衆救国軍、東北民衆自衛義勇軍、吉林国民救国軍、遼寧民衆自衛軍、遼南救国軍など、さまざまな名前を名乗って、関東軍にたいしてゲリラ闘争を繰りひろげた。

柳条湖事件からほぼ 1 年になる 32 年 9 月 15 日、「日本国は、満州国が其の住民の意思に基づきて自由に成立し、独立の一国家を成すに至りたる事実を確認したるに因り」「満州国」を正式に国家として承認するという「日満議定書」を調印した。これを認めないさまざまな反満抗日の動きが強まるなかで、15 日深夜から翌 16 日未明にかけて、大刀会を中心とする遼寧民衆自衛軍が撫順炭鉱事務所を襲撃した。撫順炭鉱は露天掘りでも知られる当時世界有数の埋蔵量を誇った炭鉱で、国策会社である南満州鉄道会社（満鉄）が経営していた。

抗日義勇軍が撤退した後の 16 日未明、独立守備隊*の首脳部は急きょ会議

を召集して対応を検討、川上精一中隊長は、平頂山村の村民が「匪賊」（日本側は抗日武装勢力をこう呼んだ）が村を通過したのを警察派出所に報告しなかったのは、村民が「匪賊」とつうじていたからで、そのために日本側は大きな損失を蒙ったのだとして、報復と見せしめのため全村民の殺害と村の焼却を命じた。その日の午前、独立守備隊の兵士は、機関銃などの装備を整え、数台のトラックに分乗して平頂山村へ向かい、「平頂山事件」⑧P.18 を引き起こした。全村民を殺害したのちに、平頂山の集落に火を放ち、集落そのものを消し去ったのである。

武装移民から分村移民へ

関東軍は、抗日義勇軍の討伐作戦を進めるいっぽうで、占領した満州の地に日本から農業移民を送りこむ計画の実行に着手した。石原莞爾が満州事変を起こしたのは、国土が狭く農地の少ない日本は、広大な満蒙（満州と蒙古）を領有して、農産物で日本の食糧問題を解決するという構想があった。

張作霖爆殺のスイッチを押した独立守備隊中隊長の東宮鉄男が奉天にあって、満州農業のありかたに関心をもって調査、研究をしていたのを、石原莞爾が知るところとなり、石原は東宮に一目おくようになった。東宮は石原に、日本在郷軍人を基幹とする屯墾軍制を実施し、抗日ゲリラ部隊を制圧しながら、満州国統治のための治安維持につとめ、いっぽうでは、農業開拓にあたり、対ソ連の国防任務にも就かせる、という計画を具申した。在郷軍人とは、徴兵検査に合格して軍事訓練を受け、2年間現役に服役したあと、予備役・後備役、さらには退役軍人として、日常の生業に就いていたが、戦時・事変にさいして、必要に応じて召集され、戦場に送られた軍人のことである。屯墾軍はのちに屯墾隊と称したが、「駐屯して開墾に従事する部隊」の意味である。この構想は、満州武装移民団の派遣として実施された。

「行け満蒙の新天地」「開け行く満蒙」「満州で一旗揚げよ」など、マスコミが「満州熱」を扇動するなかで、在郷軍人会が主体となって、「満州試験移民」の募集がおこなわれた。移民候補者の資格は、年齢35歳以下の在郷軍人で農業に従事中のものとし、さらに出身者の地方をまとめて村落構成にするため

＊**独立守備隊**　南満州鉄道とその付属地、および租借地である関東州の守備に当たった日本の陸軍部隊。関東都督府の陸軍部に所属したが1919年に関東軍が設立されると、関東軍独立守備隊となった。

に、選出地域は東北6県と群馬、栃木、茨城の北関東3県、新潟、長野の信越2県に限定された。

　各県において選抜された在郷軍人492名が、第1次武装移民団として、1932年10月、吉林省佳木斯に送られた。武装移民団は永豊鎮に弥栄神社を建立（33年10月）、35年3月には村名を弥栄村と命名した。「弥栄」とは天皇の国が「いよいよ栄える」という意味で、「弥栄！ 弥栄！」と「ばんざい」と同じ意味で叫んだりもした。

　つづいて第2次武装移民団455名が、33年7月、永豊鎮の南隣の七虎力に入植、「チーフーリ」という中国語音を日本式の当て字をして、千振村と名乗った。「千振」は「千早振る（ちはやぶる）」という「神」にかかる枕詞をあてはめたのである。日本人の武装移民は以後も、第3次武装移民団が34年10月、第4次武装移民団が35年9月、それぞれの地区に入植した。

　「満蒙開拓移民」 ‗ P.20 あるいは「満州開拓移民」という表現は、日本人があたかも未墾の原野を開拓したようなイメージを抱かせて、日本の満州侵略の実態をごまかすためのものである。第1次、第2次武装移民の実態が証明しているように、「満蒙開拓」といいながら、在郷軍人からなる日本軍農民部隊が入植し、中国農民が住んで耕している農地や村落を、関東軍の指揮下に「満州国」の官憲を動員して、強制的に買収、さらには強奪して、日本人の移民村落を建設したのである。満州国が「五族協和」＊であるというのも虚偽で、武装移民村はもちろん、その後の日本の村の名をそのまま使った分村移民の村も、原住の中国農民を追い出して、日本人だけの村落を築いたのである。そのため、中国農民は土地を収奪され、村落を追放され、未開墾地へ強制移住させられるか、あるいは他の地域へ難民同様に流れていかざるをえなかったのである。

　関東軍の周到な治安戦によって、反満抗日武装闘争がほぼ壊滅させられたのち、武装移民団に代わって日本人の分村移民や一般人の満州開拓移民が膨大に送出されるようになった。

＊**五族協和**　「満州国」の民族政策の標語で、日本人、朝鮮人、満州族、蒙古族、漢族の5民族が協力して平和に暮らせる国を目指すとした侵略をごまかすためのもの。「満州国旗」の5色旗も5族の協和を表すとされた。辛亥革命の際孫文が唱えた五族協和（漢・満・蒙＝モンゴル・回＝ウィグル・蔵＝チベット）とは別のものである。

平頂山事件

へいちょうざん

1932 年 9 月 15 日の夜から、日本の侵略に対して抗日義勇軍が撫順炭鉱を襲撃しました。日本軍は 16 日、「抗日義勇軍が通過したのに通報しなかった」として、撫順炭鉱に隣接している平頂山地区の住民を「写真をとってやる」などとだまし、1ヵ所に集め3千人余りを虐殺しました。その後、死体に重油

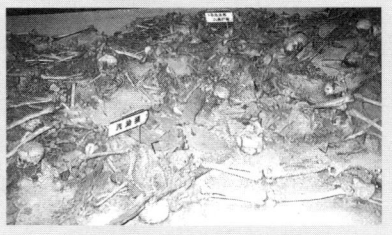

をかけて燃やし、崖をダイナマイトで爆破、その土砂で死体を覆ってしまいました。ほとんどの住民は虐殺されました。現地では虐殺された遺骨を掘り起こしたそのままの様子を「撫順平頂山惨案遺跡紀念館」で知ることができます。

虐殺された住民の遺骨

「村人を集めて一斉射撃」

▶ 家族でただ 1 人生き残った楊宝山さんの証言

ようほうざん

（撮影・落合由利子）

この日は残暑が厳しい日でした。日本軍はトラックに乗ってやってきました。そして、三方が山と崖とフェンスで囲まれてたところに村人を集めました。「今から記念写真を撮るから立ちなさい」と集められた村人を促しました。私は両親と弟の 4 人家族でした。黒い布を外すと写真機と思っていたのは機関銃でした。日本軍は一斉に射撃をはじめました。お母さんは 1 回目の射撃の時は私を抱いて守ってくれました。お母さんも私も生きていました。トラックの音が聞こえなくなったので日本軍は帰ったのだと思いました。誰かが「逃げろ」と言いました。その時 2 回目の射撃がありました。

お母さんは 2 回目の射撃で頭や腹から血が流れだし、その血が私の口に入りました。射撃の後、日本兵は銃剣で 1 人 1 人を確認していきました。日本兵がお母さんの遺体をのけると私の体がむき出しになりました。動けば殺されると思って死んだふりをしていました。日本兵は私の身体をつつきましたが、とどめをささず、頭をふみつけて通り過ぎていきました。お父さんはすでに 1 回目の射撃で私の足元に倒れていました。お父さんもお母さんも弟も殺され家族

で私1人が生きのびました。雨が降ってきました。私は起き上がり、まわりを見ると死体だらけでした。妊婦のお腹が裂かれ、胎児がとりだされているのも見ました。まだ生きている子どももいましたが、骨折や傷で泣いていました。私自身も銃で股を撃たれ、傷ついていましたが、その場から逃げ出しました。一夜たってある山の所に行き、抗日義勇軍に助けてもらいました。（2006年9月17日、日本中国友好協会第5回平和の旅での証言。楊さんは事件当時9歳）

「日本兵は私の背中を銃剣で刺しました」
▶ 九死に一生を得た王質梅さんの証言

朝の9時か10時頃、いきなり10数台のトラックに乗ってきた日本兵が私たちに銃剣を突きつけて、村民を村から追い出しました。近所に病気のおばあちゃんが住んでいました。身振りで外に出ろと言われましたが、おばあちゃんは起き上がれなかったので、その日本兵は無惨にもおばあちゃんを刺し殺しました。

（写真提供・平頂山事件の勝利をめざす実行委員会）

お父さんはおばあちゃんが刺し殺されたのを見て、私たちにも外に出るように言いました。私と弟、両親の4人で外に出ました。日本兵に銃剣で脅され、連れて行かれました。後ろは山で、その山の前に大きな溝がありました。そこには、すでに大勢の人が集められていました。黒い布が外されて機関銃が現われました。その機関銃は扇のように私たちに向けられて、機銃掃射をされました。そして多くの人が倒れました。多くの人が裏の山に登り逃げようとしましたが、その人たちも撃たれて、ボールのように転がり落ちました。

私も後ろの山に逃げようとしましたが、お父さんに「伏せろ」と言われました。私の隣で8歳くらいの男の子が、「お母さん！ お母さん！」と泣きわめいていました。私は「静かにして！」と言ったけれど、その子は泣き止まず、結局銃で撃たれ、私の前で倒れました。その子の脳みそか血が私のところに飛び散りました。その後もしばらく機銃掃射が続きましたが、やがて機関銃の音が止みました。

それから、日本兵の歩兵銃によって1発ずつ撃たれました。私は近くに日本兵がいることを感じてずっと静かにしていました。私は泣くこともしなかったのですが、その日本兵は私の背中を銃剣で刺しました。（2008年9月13日、「撫順」から未来を語る実行委員会主催の集会での証言。王さんは事件当時11歳）

満蒙開拓移民

　1931 年の「満州事変」から 1945 年の敗戦までの間、国策として中国の東北地方へ 32 万人が移住させられました（1936 年、20 年間で 100 万戸、500 万人の移住を計画）。「開拓民」が入植した土地はその 6 割が中国人や朝鮮人の耕作していた既耕地をとりあげたり、ただ同然に買収した農地であり、開拓地といえない土地も少なくありませんでした。45 年 8 月、ソ連軍が侵攻してくると関東軍は「開拓民」を置き去りにして朝鮮半島北部へ撤退。開拓団民は逃避行を余儀なくされ、その過程と収容所での生活などで 8 万人（入植者中 4 人に 1 人）が死亡しました。この混乱の中で置き去りにされたりした女性や子供は中国人と結婚したり養育され、戦後、日本に帰国できた多くの人も残留婦人、残留孤児としての厳しい生活を強いられました。

「土地をとりあげられた」
▶ 魏祥（ぎ しょう）さんの証言

　「九・一八事変」の翌年、日本兵がおれたちの所にきて、ここは「匪賊（ひ ぞく）」の支配区域だから焼き払うと言った。抗日部隊はみな山に入り、秋になるともう一度焼き払われた。一般庶民の家屋が焼かれ、引っ越した人もいたが、日本人が去った後、竪穴住居を掘って住んだ人もいた。大多数が依蘭（い らん）の町へ行って住んだ。「開拓団」がきたあと、土地を占領し、再び中国人を呼び戻して、もともと中国人のものだった土地の一部を耕作するように割り当てた。それは中国人に貸したということで、地租は最初の 2 年間はとらなかったが、3 年目からとった。日本人自身も畑仕事をした。偽満康徳（ぎ まんこうとく）9 年（1942 年）以降「出荷食糧（けい）」の供出がはじまり、土地 1 垧（1 垧は 15 ムー。1 ムーは 666.7㎡）につき 500kg 余り取られ、食糧を供出するといくらかお金をくれた。おれの家ではなんとか食っていけたが着るものを買う金はなかった。（『中国の人々から見た「満蒙開拓」「青少年義勇軍」』長野県歴史教育者協議会編・2007 年）

「集団自決から生き延びて」
▶ 小野田マスヨさんの引き揚げ経験の証言

　開拓団本部は日本に帰国できる望みがなくなったとみて、集団自決に思いいたりました。数日後、板子房（ばん し ぼう）・宝山の二つの開拓団の居留民、合計 7 百余人

を板子房国民学校の3つの教室に集めました。その日、富錦県から7人の日本軍人が板子房開拓団に逃げてきました。かれらは武器をもっていたので、武装した中国農民がこれら武装した日本人が投降

1929年生まれ。1941年「満州」の第9次板子房置賜郷開拓団に移住。集団自決の後、八路軍に助けられ、母は中国人と結婚、小野田さんも中国人に養育され16歳で結婚。1993年山形県に帰国。

（写真提供・日本中国友好協会山形県連合会）

しないのをみて板子房を包囲し、日本兵と開拓団居留民に銃を撃ち、双方撃ちあいになりました。3人の軍人や開拓団の幹部らも撃たれて死にました。軍人は黒板で窓をふさぎ、「我々は捕虜になるわけにはいかない」と話して、「君が代」を歌わせました。歌い終わると部屋の数ヵ所から手りゅう弾の爆発音が響いてきました。そのなかの1つが私のそばに落ち、そばにいた10歳の弟がその場で爆死し脳漿が飛び散りました。私も爆発音とともに地面に昏倒しました。しばらくして気がつくと目の前の光景に呆然としました。部屋の中では多くの人が死んでおり、壁には鮮血が飛び散っていました。死ななかった4人の軍人は刀を振りかざして部屋の中の大人や子どもを斬り殺していました。（『祖国は遠かった』日本中国友好協会山形県連合会・2014年）

▶ 野村礼子さんの証言

　苦しい避難生活がはじまりました。3、4ヵ月歩いて瀋陽市難民収容所にたどり着きました。生活は困難をきわめました。私の一番小さい弟は当時1歳3ヵ月で、途中で餓死しました。収容所には食料も薬品も何もなかったの

1931年生まれ。1944年、満州虎林県国礎開拓団に入植。養父母に育てられ17歳で結婚。2000年福岡県に帰国。

（写真提供・日本中国友好協会福岡県連合会）

です。そのため私の父と2番目の弟は病気になり餓死し、その後、母は3番目の弟を仕方なく中国人に預けたのですが、現在にいたるまで行方がわかりません。当時、私も病気になり、母は私も中国人に預け、母と一番上の弟も中国人に連れて行かれたのでした。後に聞いたところでは翌年の春先に母も病気で亡くなったそうです。一番上の弟も行方不明です。こうして私達の家族は一家離散したのです。（『戦後七十年回憶録』中国帰国者九州連合会・日本中国友好協会福岡県連合会・2015年）

将校・富永正三（とみながしょうぞう）さんの戦争体験

富永正三さんは 1914 年、熊本県に生まれました。東京帝国大学を卒業して結婚、26 歳で徴集され 1941 年に見習士官になると、中国へ送られ数十名の部下をもつ小隊長になりました。2ヵ月後、「腕試し」と称する中国人捕虜の斬殺を上官から命じられました。

▶ 証言

田中少尉が「人間の首はこういうふうに斬るんだ」と宣言すると、斜めに軍刀をかまえまして、「えいっ」と振り下ろして、とたんに首が2メートルくらい飛びまして……そしたら田中少尉が「おい！」「誰だれ見習い士官！」と指名するわけで、もうぶざまなことはできない、やれないという気持ちばっかりです。田中少尉がやったとおりにやって、簡単に首が斬れて、そして、遺体がその穴ん中にころげ落ちた。その斬った瞬間に、私の実感として何か腹がすわったといいますか、腹にじーんとくるものがあったんです。

斬首後、夜の点呼で部下と向かいあうと、今まで目つきが悪いと思っていた兵隊さんの目つきが悪く感じなくなったわけです。わたしは、捕虜の首を斬った瞬間に目つきが変わった、私自身がそういった殺気を帯びた、殺人鬼の眼になっとったと思うんです。

中国帰還者連絡会会長。著書『あるBC級戦犯の戦後史』（水曜社）。2002 年 1 月 13 日逝去（88 歳）。

富永さんはその後、上官として部下に捕虜の刺突（銃剣で突き殺す）を命じる立場になりました。

1945 年 8 月の敗戦でソ連に抑留され炭坑作業等に従事、5 年後の 1950 年 7 月には約 1000 名の日本人捕虜とともに、対中国戦犯として撫順戦犯管理

所へ移管されました。

　1952年1月、戦犯管理所で坦白（罪の供述）を求められ、「どうせ死刑だ」と真っ先にペンをとり、「上官の命令で行った」と主な罪行を書いて提出しました。しかし、指導員から「坦白は深刻な反省の上にはじめてできるものだ。少しも苦しまないで書くという態度は中国人民に対する最大の反抗者である」と批判され、かつて日本軍の監獄だった地下の独房に入れられました。

▶ 証言

　地下牢で闇に眼が慣れてくると、周りはコンクリートの壁なんですけども、じーっと眺めとったら、手で引っ掻いたような跡があるんで、眼をすえて見たらそれが、「打倒日本帝国主義！」「堅決闘争」とかですね、血がにじんでるわけですよ。これは「反満抗日」の英雄がここにぶちこまれて、次々に殺されているわけですが、その直前に書き残しているわけですよ。ゾーッと背筋が寒くなりましてね、はじめて殺される者の気持ちがわかったわけです……命令だから仕方がないって、こりゃやっぱり許されない、被害者から見たらそれは通らん、いうことがそこでわかったわけです。

　富永さんはそれを転機に、「実行者は実行者としての、命令者は命令者としての責任をとる。その上でその頂点に立つ者の責任を追及していくべきだ」と考えるようになりました。

　1952年3月、持病が悪化してハルビン医科大学附属病院に入院。結核性腰推カリエスと診断され、3年を越える中国側の手厚い看護を受けるなかで、「人間は本来どうあるべきかがわかった」と語っています。

　1956年8月、最高人民検察院の起訴免除を受け釈放。同年9月、興安丸で舞鶴港に帰国した時は42歳になっていました。帰国後、腰痛用の大きなコルセットをはめての職探しは困難をきわめましたが、種々の困難を経て私立高校教員として就職しました。その後もカリエスの後遺症である座骨神経痛に悩まされながらも、ずっと反戦平和と日中友好のために活躍をつづけました。（証言はビデオ『証言──侵略戦争〜人間から鬼へ、そして人間へ』日本中国友好協会企画・日本電波ニュース社制作・1991年）

| **5** | **1936 年に準備された日中戦争**

　日中戦争の歴史書は一般に盧溝橋事件（1937 年 7 月 7 日）から日中戦争が勃発したような記述をしているが、日中戦争は日本海軍によって積極的に拡大、遂行された重要な歴史事実を見落としてしまうことになる。1936 年はまさに日中戦争の「前夜」そのものであった。

　天皇の統帥権を錦の御旗にして強権的政治権力を手にした陸軍部内では、日本の内外政策をめぐって統制派と皇道派の派閥が対立を強めていたが、1936 年 2 月 26 日早暁、皇道派の青年将校が約 1400 名の兵力を率いて「昭和維新」「尊皇討奸」をかかげて決起、蔵相、内大臣、陸軍教育総監を殺害、首相官邸・陸軍省・参謀本部・警視庁など永田町一帯を占領してクーデターを試みた二・二六事件が発生した。これにたいし昭和天皇は激怒して武力鎮圧を命じ、決起部隊は反乱軍とみなす奉勅命令を出した。天皇から「逆賊」とみなされた決起部隊は無血で鎮圧され、さらに陸軍軍法会議で皇道派の青年将校 17 名に死刑が執行された。また、事件が陸軍部内の派閥抗争から発生したことをかくすために、国家主義者の北一輝と西田税が青年将校らを扇動したことにして、この 2 人も死刑にした。

　二・二六事件の結果軍部の強権的政治体制が確立、日中戦争は陸軍の主導権を掌握した統制派によって推進される。また海軍は天皇の統帥権を利用した軍部強権政治体制を利用して、本格的に日中戦争を準備した。二・二六事件は日本が日中戦争「前夜」に突入した決定的な契機となった。

　関東軍は満州支配につづいて、「満州国」に接する華北への支配拡大に着手した。土肥原賢二奉天特務機関*長が中心となって 1935 年傀儡政権の冀東防共自治政府*を樹立させた。関東軍は天津・北京とその周辺に駐屯させていた

＊**特務機関**　日本軍内に設けられた特殊軍事組織で、諜報・宣撫工作・対反乱作戦などを占領地域や作戦地域でおこなった。

＊**冀東防共自治政府**　傀儡国家「満州国」をつくった日本はさらに華北地方への侵出を企て、1935 年、非武装地帯とされていた河北省東部に傀儡政府「冀東防共自治政府」をつくった。通州に政府を置き、早稲田大学を卒業した殷汝耕が主席となった。日本は同政府を利用して密貿易をおこない、また、麻薬の密造と密輸をおこなった。1938 年、中華

支那駐屯軍＊と共同して、傀儡政権の支配領域の拡大をはかった。1936年になると日本政府はチャハル省・綏遠省・河北省・山西省・山東省の華北5省を国民政府の支配から分離させる「華北分離政策」を決定した。陸軍は二・二六事件以後、華北分離工作を進めるために、義和団事件に際して列強間に結ばれた北京議定書の協定を無視して支那駐屯軍を1771名から一挙に5774名に増強し、北京周辺で軍事訓練、演習を公然とおこなった。翌年の盧溝橋事件は起こるべくして起こったのである。

　二・二六事件の衝撃を利用した海軍の主動で8月「帝国国防方針」を、それまでのソ連を仮想敵とする北進論に米英を仮想敵とする南進論をくわえて「南北併進論」に改定した。広田弘毅内閣はそれをそのまま認めて「南北併進」の国防戦略とそのための予算を配分して軍備拡張することを定めた「国策の基準」を決定、陸軍は対ソ戦、海軍は対米英戦を準備していくことになった。アジア太平洋戦争の「前史」のはじまりである。

　このときの海軍はかつてワシントン海軍軍縮条約＊、ロンドン海軍軍縮条約＊を締結した「国際的開明的」な海軍とは一変し、対米強硬派の皇族伏見宮博恭軍令部総長（1932年から1940年まで在職）の人脈で海軍首脳は固められていた。

　「海軍航空隊の育ての親」といわれた山本五十六は、海軍航空本部技術部長、航空本部長などを歴任し、海軍軍縮条約で制限の対象とならない海軍航空兵力の開発と拡充につとめ、1936年に長距離爆撃機の九六式陸上攻撃機＊（中型攻

民国臨時政府に合流することが日本軍との間で協定され、同自治政府は解消された。冀東とは河北省東部という意味。

＊**支那駐屯軍**　1900年の義和団事件は日本を含む8ヵ国連合軍が鎮圧、翌年の北京議定書で駐兵権を獲得し日本は清国駐屯軍を置いたが、中華民国成立で支那駐屯軍と改称した。司令部は天津、連隊は天津と北平（北京）に置かれ1937年の盧溝橋事件後にも増強されたが、同年8月末に北支那方面軍隷下の第1軍に改編された。

＊**ワシントン海軍軍縮条約・ロンドン海軍軍縮条約**　ワシントン海軍軍縮会議（1921年）では日・米・英・仏・伊5ヵ国の主力艦・航空母艦の保有トン数比率を米・英5、日3、仏・伊1.67に制限、日本の東アジア進出にワクがはめられた。ロンドン海軍軍縮条約（1930年）は、補助艦（巡洋艦・駆逐艦・潜水艦など）の保有量を日本は対米英6割9分7厘とすることで妥協が成立、条約は成立したが、海軍軍令部は強硬に反対した。35年には2回目のロンドン会議が開かれたが、決裂し日本は脱退した。

＊**九六式陸上攻撃機**　長距離攻撃機として日中戦争で対地爆撃機として使われた。第二次

撃機、中攻と略称）が制式採用された。第一次世界大戦後日本の統治下におかれた南太平洋のサイパンなどの陸上基地から発進してアメリカの太平洋艦隊などを爆撃する目的で開発された爆撃機である。

日本の陸軍と海軍は伝統的に中国大陸の縄張り（責任管轄区域）を決め、満州・華北は陸軍、華中・華南・台湾は海軍の管轄区域と棲み分けて、それぞれ作戦の主導権を尊重しあった。1936 年 9 月、海軍の管轄である広東で日本人が中国人に殺害された事件と上海で水兵が中国人に殺害された事件が発生した。海軍中央（軍令部と海軍省）はただちに日中戦争発動準備態勢に入り、長崎の大村基地や台北の基地には中攻機に爆弾を搭載して、東シナ海を越えての「渡洋爆撃」への出撃を待機させた。

しかし、陸軍中央（参謀本部・陸軍省）が強く反対したので、海軍の日中戦争発動は実現しなかった。このことは海軍が 1937 年 8 月 9 日謀略による大山事件をしかけ、第二次上海事変を勃発させる伏線となった。

いっぽう、中国においては、前述した中国国民革命において、蒋介石は 1927 年 4 月 12 日に共産党の粛清・弾圧に転じ（四・一二反共クーデター）、4 月 18 日に南京に国民政府を樹立した（第 1 次国共合作の終焉）。しかし、1930 年代に入ると共産党は紅軍を中心にして華中・華南に中華ソビエト政権を樹立、国民政府に対抗した。蒋介石は江西省の瑞金を首都にした中華ソビエト政権の撲滅に全力をかけ、満州事変以後の日本の軍事侵略に抵抗することよりも、「剿共戦（共産党の撲滅戦）」を重視した安内攘外政策（前述）をとった。34 年 10 月共産党と紅軍は江西省を脱出して「長征」＊をおこない、1 年後の 35 年 10 月、陝西省北部に延安を中心とする陝北ソビエト政権を築いた。

蒋介石は日本の華北分離工作には譲歩しながらも、陝北ソビエト政権の撲滅を優先し、張学良に東北軍を率いて共産党と紅軍にたいして最後のとどめを刺すよう任務を与えたのである。しかし、張学良はそれに従わず、共産党の周恩

上海事変での上海への爆撃を皮切りに、南京渡洋爆撃、その後の重慶大爆撃等で使用された。

＊**長征**　1934 年から 35 年、国民党の包囲戦に敗れた中国共産党がおこなった北方への大移動をいう。中国紅軍 10 万人が江西省瑞金などから長征を開始。多くの難所を越え、1 年ほど後に陝西省北部に到着。10 万の兵は 1 万に減った。延安を中心とする陝西省北部がその後の革命の中で中心的な根拠地となった。

来らと秘密裡に停戦合意を結んだ。

1936 年 12 月 12 日、張学良は任務遂行の督促に西安にきた蒋介石を武力で監禁、国民党と共産党が一致して抗日戦争を闘い、全国の抗日勢力を統一させることを迫った（西安事件）。西安事件は平和的に解決され、翌年の日中戦争勃発とともに第 2 次国共合作が成立、抗日民族統一戦線が形成されることになった。

以上のように 1936 年の段階ですでに、日本と中国において日中戦争の構造が形成されていたということができる。すなわち、日本の陸軍と海軍が全面的に中国侵略戦争を開始する準備態勢に入り、中国では国民党と共産党が合作して、全民族的に抗日戦争を展開する態勢を築いていたのである。

| **6** | **日中全面戦争の開始**——「北支事変」から「第二次上海事変」「日支事変」へ

盧溝橋は北京（当時は北平と称された）から南西 15 キロの地点にある永定河にかかる全長 260 メートルの美しい橋である。1937 年 7 月 7 日の夜、盧溝橋付近の荒蕪地で軍事演習をしていた日本軍の中隊に向かって、永定河の堤防にあった中国軍の陣地から数発の銃弾が撃たれた。

1937 年当時の盧溝橋（撮影・村瀬守保）

これを中国軍の不遜な「不法射撃」ととらえた日本軍は「膺懲」と称して中国軍の陣地を攻撃、中国軍も抗戦したので、盧溝橋付近で日中両軍の戦闘が繰り返された。盧溝橋事件である。

しかし、事件そのものは偶発的に発生したもので 7 月 11 日には現地軍の間で停戦協定が成立した。ところが、陸軍参謀本部内では統制派の武藤章や田中新一らの拡大派が華北分離の懸案を一気に解決させるとして「中国一撃論」を主張して勢力を拡大、石原莞爾らの不拡大派を凌駕した。近衛文麿内閣は陸軍が要請した日本軍の華北派兵を認め「北支事変」と命名した。

前年に日中戦争発動を企図しながら陸軍の反対で不成功に終わった海軍は好機到来ととらえて、陸軍が作戦主導権をもつ華北から海軍の主導権のある華中、華南へと戦争を拡大する全面戦闘態勢に入った。

　いっぽう石原莞爾参謀本部第1（作戦）部長ら不拡大派は天皇も望んだ「北支事変」の早期解決に動き、近衛内閣も賛同して「日華停戦条件」を決定、秘密裡に国民政府と和平交渉を進めた。国民政府もこれに応じ、8月9日に上海において和平交渉を開始した。

海軍が仕掛けた謀略・大山事件

　和平交渉が成立して「日華停戦」が実現することを恐れた現地海軍は同日、上海特別陸戦隊西部派遣隊長の大山勇夫（おおやまいさお）を中国保安隊に射殺させる謀略事件を仕掛けた。大川内伝七（おおこうちでんしち）上海特別陸戦隊司令官から「お国のために死んでくれ、家族のことは面倒をみる」「こちらからは攻撃するな」と口頭で密命された大山勇夫は、海軍陸戦隊の正式の軍服を着用、ピストルを携帯せずに夕方を待って齋藤与蔵一等水兵の運転する陸戦隊の車で、途中2つの中国保安隊の検問を突破して、中国軍の軍事機密である虹橋飛行場へ直進し、正門近くで中国保安隊に射殺された（大山事件*）。

　「巡回勤務中に中国保安隊にいっぽう的に猛射、殺害された」というセンセーショナルな大山事件報道にたいして、現地海軍の思惑どおり日本国内の世論が激高、「暴支膺懲（ぼうしようちょう）」*が叫ばれ、のちに日中戦争のスローガンとなった。8月13日、上海特別陸戦隊と中国軍との間で第二次上海事変が開始され、華北の戦争は上海に拡大した。海軍航空隊はこの日に九州の大村と台北から中攻機隊を出撃させ、国民政府の首都南京を渡洋爆撃する態勢をとっていたが、台風のため中止、14日と15日になって決行した。宣戦布告もしていない中国政府の首都南京を爆撃したのは、戦時国際法に違反する不法行為であったが、日本の軍部・政府、国民にはその意識は欠如していた。

＊大山事件　大山事件が海軍の仕掛けた謀略であったことは、笠原十九司「大山事件の真相——日本海軍の『謀略』の追及」（『年報日本現代史第17号　軍隊と地域』現代史料出版・2012年）ならびに『海軍の日中戦争——アジア太平洋戦争への自滅のシナリオ』（平凡社・2015年）において詳述している。

＊暴支膺懲　暴戻な支那を膺懲せよという日本軍のスローガン。1937年の盧溝橋事件以降多用されるようになった。暴力的で残虐な中国を懲らしめよという意味。

　13 日の夜の臨時閣議で米内光政海相は陸軍の上海派遣を強硬な態度で決定させた。米内海相は翌 14 日の夜も臨時閣議を開かせ、近衛内閣に「暴支膺懲」の帝国声明を発表させた。帝国声明にもとづき、陸軍は「上海派遣軍」（松井石根司令官）を編成、政府は「北支事変」を「支那事変」と改名、日中戦争は海軍の思惑どおり中国との全面戦争に拡大した。

南京攻略戦の先鞭をつけた南京空襲作戦

　9 月 10 日、上海公大飛行場がようやく使用できるようになり、大連郊外の周水子基地にあった第 2 連合航空隊（司令官三並貞三）が移駐してきた。同飛行場は、前年の上海水兵射殺事件に際して海軍中央が建設を指示した飛行場であった。上海の航空基地が使用できるようになったため、それまでおこなっていた夜間の渡洋爆撃に代えて、戦闘機の護衛をつけた本格的な爆撃部隊の出撃が可能になった。8 月 15 日以降つづけて白昼におこなった渡洋爆撃は、中国空軍戦闘機に迎撃されたり、地上砲火によって撃墜されたりして、甚大な被害が出たので、1 週間後からは夜間の爆撃に変更したのである。

　9 月 14 日、長谷川清第三艦隊司令長官は、南京空襲部隊の編成（指揮官三並貞三、第 2 、4 、5 空襲部隊よりなる）による南京反復攻撃を命令し、さらに第 1 空襲部隊には準備ができしだい広東の爆撃を、第 3 空襲部隊に漢口、南昌などの奥地航空基地の爆撃をそれぞれ下令した。

　大規模な南京空爆作戦を前にして南京空襲部隊指揮官の三並貞三は、上海公大飛行場において、「南京空襲の壮挙を決行せんとするにあたり、各級指揮官に訓示」をおこない、九六式陸上攻撃機と九六式艦上戦闘機からなる南京空襲部隊による南京爆撃の目的は、中国政府の首都南京の軍事・政治・経済機能を破壊して、国民政府を屈服させ、国民に敗戦を自覚させることにある、と断言した。日本の海軍航空隊は、世界戦争史において前例のない、「敵国」の首都にたいする戦略爆撃を企図したのである。それは現在の戦争の主要形態になっている空爆戦争の先駆けであった。

　9 月 19 日早朝 7 時 55 分、「敵首都上空における敵航空兵力との決戦により、これを一挙に滅して南京の制空権を獲得せんとする企図のもとに」45 機からなる第 1 次南京空襲部隊が上海公大飛行場から出撃した。

　海軍航空隊の南京空襲部隊による南京爆撃は第 1 次から第 11 次（9 月 25 日）までおこなわれ、延べ 291 機が参加、撃墜した中国戦闘機は 48 機、投下

した爆弾数は計355個、重量にして32.3トンに達した。日本側の被害は、戦死（行方不明を含む）18名、失った機は十数機であった。「南京空襲部隊戦闘詳報」に戦果として記載された爆撃箇所*は、南京城内外の枢要地を網羅している。

　南京空爆作戦が、国民政府の屈服を目途とした戦略爆撃の性格をもっていたことは明確である。海軍航空部隊の長期にわたった南京空襲によって、国民政府の首都機能は麻痺し、なによりも政府関係者や広範な市民に恐怖感、敗北感を与えた。国民政府が南京を放棄して首都を奥地に移転する選択を迫られたのは、海軍航空隊の南京空襲による物的、人的損害ならびに精神的ダメージが大きく作用したからである。

第二次上海事変の激戦のあと
（撮影・村瀬守保）

　第二次上海事変の開始にともない派遣された陸軍の上海派遣軍（司令官松井石根）は国民政府軍の激しい抵抗を受けて苦戦を強いられたが、11月5日に第10軍（司令官柳川平助）を杭州湾に上陸させて中国軍の背後を突き、3ヵ月にわたる上海戦に決着をつけた。上海派遣軍と第10軍をあわせて編成された中支那方面軍（司令官松井石根）は上海戦のために派遣された軍であった。それが、武藤章（10月に中支那方面軍参謀副長に就任）、松井石根、柳川平助らの野心によって、準備も作戦、装備もなかった南京攻略作戦を参謀本部の統制に反して現地軍の独断専行で強行し、

「**南京大虐殺事件**」（南京事件）⌘P.34 を引き起こしたのであるが、海軍航空隊の南京爆撃が戦略爆撃の効果を発揮して、地上から南京攻略が容易であると武藤・松井・柳川らに思わせたことは重要である。すなわち、海軍航空隊の南京爆撃が南京攻略戦の前哨戦の役割を果たしたのである。

＊記載された爆撃箇所　大校飛行場・兵工廠・憲兵司令部・警備司令部・中央放送局・雨花台砲台・富貴山砲台・航空署・防空委員会・国民党中央党部・南京市政府・南京鉄道駅・浦口鉄道駅・首都電力発電所・南京市国民党党部・財政部・軍政部・北極閣防空指揮所・軍医司・船政廠・交通兵団。

　12月3日に常州に前進基地をひらいた第2連合航空隊は、同基地から出動して激しい爆撃を南京城内に連日くわえた。蒋介石は11月20日に国民政府の重慶遷都を発表し、政府機関・文化教育機関など諸機関・施設の移転作業を進めさせながら、蒋介石自身は最高国防会議（9月9日設立）主席すなわち中国の最高軍事指導者として南京にとどまって南京防衛戦を指導していた。しかし、激しさを増す南京空襲と地上からの日本軍の南京防衛陣線への突入によって、蒋介石自身の生命が危険となったため、南京固守作戦の堅持にこだわっていた蒋介石も、側近からの強い説得にしたがい、12月7日早朝に飛行機で南京を脱出した。

| **7** | 日本軍の南京占領と南京大虐殺

　大本営の正式の命令もないまま、参謀本部の統制に反するかたちで、中支那方面軍が独断専行で開始した南京攻略作戦であったが、日本の大新聞は同作戦に便乗して、大規模な報道陣を前線へ派遣し、従軍記者に少なからぬ犠牲者を出しながらも、「南京城に日章旗が翻る日はいつか」「どこの郷土部隊が南京城一番乗りを果たすか」などの報道合戦を繰りひろげた。国民は、「いつ南京は陥落するか」「南京城一番乗りの誉れの部隊はどこか」などと、南京城に迫る日本軍部隊の報道に注目し、興奮するようになった。その結果、大新聞は一挙に購買数を増大させた。南京へ進撃する皇軍（天皇の軍隊）の連戦連勝の華々しい捷報が、連日報道されるなかで、国民の戦勝・祝賀ムードが必要以上に煽られ、国民も拡大派が喧伝した「中国一撃論」に幻惑され、南京が陥落すればあたかも日中戦争が決着して、日本が勝利するかのような期待感をいだくようになった。官庁・学校は南京陥落祝賀行事のための提灯や垂れ幕を準備して、さながら南京をゴールとする戦争ゲームでも観戦するかのように、日本軍の進撃ぶりに喝采を挙げ、早期南京占領を待った。

　近代戦において、大部隊は前線部隊と後方の兵站部隊とに分かれ、前線の戦闘部隊は後方の兵站部からの食糧・弾薬その他の軍事物資の補給を受けながら進軍していく。したがって、前進部隊の新たな前進は、兵站部が補給可能な位置まで移動してきてからおこなうのが作戦の常識であった。ところが、中支那方面軍の独断専行でおこなった南京攻略戦ではこの作戦常識が無視された。同

軍司令部そのものが兵站部を統括する機関をもたず、各師団の兵站部は最初から貧弱だった。また、上海派遣軍も、もともと上海周辺だけを戦場に想定して派遣された部隊であったので、長距離を移動、進軍する作戦に備えた軍装備、輸送部隊もなかった。それにもかかわらず、前線部隊は「南京一番乗り」を煽られ、補給を無視した強行軍を余儀なくされたのである。

そのため、中支那方面軍は糧秣（食糧と軍馬の飼料）のほとんどを現地で徴発するという現地調達主義をとった。日本軍はこれを「糧食を敵中に求む」「糧食は敵による」戦法と称したが、現実には通過地域の住民から食糧を奪って食べることであったから、戦時国際法に違反した略奪行為であった。各部隊の兵士たちは兵士たちで、進軍の先々で、畑の農作物の略奪、家畜の殺害、農家の貯蔵食糧の略奪などして毎日の食べ物を捜さなければならなかった。欧米の近代的軍隊ではありえないことであった。

南京市の中心部はＪＲ山手線の全長とほぼ同じ外周の城壁に囲まれていた。そこへ、12月10日から日本軍は総攻撃を開始した。これに先立ち、12月3日に常州に前進基地をひらいた第2連合航空隊は、同基地から出動して激しい爆撃を南京城内に連日くわえた。

12月12日、日本軍は夜明けとともにかつてなく激烈な攻撃を開始した。南京の制空権を完全に掌握していた日本海軍航空隊は、中国軍陣地内に容赦ない爆撃をくわえ、南京城壁を包囲するかたちで陣地を据えた日本軍の砲列は、城壁と城内に向けて猛烈に砲弾を撃ちこんだ。日本軍はこの日の昼までに南京城の四方を完全に取り囲んで包囲殲滅戦の陣容を整え、各部隊は「南京城一番乗り」を競って膨大な死者を出しながらも壮絶な城壁への突撃を敢行した。

12日夕方、日本軍が南京城の南側と東側の城壁と門を破壊して城内に殺到すると、中国軍将兵と市民はパニックに陥った。膨大な数の退却兵・潰走兵と、軍隊と一緒に南京を脱出しようとする避難民の大群が、北西部の挹江門から脱出、長江（揚子江）をわたって逃げようと埠頭のある下関へ殺到した。しかし、南京死守作戦を命令した唐生智南京防衛軍司令長官によって、長江を渡るための船舶はすべて撤収されていた。13日午前2、3時頃には、城内の砲声や銃声も途絶え、中国軍のすべての抵抗は瓦解した。南京城は陥落したのである。

いっぽう日本においては、早くも12月13日の昼に、読売新聞社主催で「南

京陥落戦勝祝賀大会」が後楽園スタジアムで
開催され、10万人が集まって君が代を大合唱
した。翌14日には全国の小中学校も休校と
し、政府・官庁・教育界の肝いりで全国で旗
行列、提灯行列が繰りひろげられ、東京では
市民40万人が繰り出して、皇居の周囲を提灯
行列で埋め尽くした。日本国民全体が「祝南
京陥落」「南京陥落戦勝祝賀」の熱狂の渦のな
かに投げこまれたのである。

　この日、昭和天皇より南京占領を喜ぶ「御
言葉」が下賜された。

揚子江岸で油をかけて焼かれた
死体の山を見下ろす日本兵
（撮影・村瀬守保）

　　　陸海軍幕僚長に賜りたる大元帥陛下御言葉
　　「中支那方面の陸海軍諸部隊が上海付近の
　　作戦に引き続き勇猛果敢なる追撃を行い、
　　首都南京を陥れたることは深く満足に思う。」

中支那方面軍の松井石根司令官や武藤章参謀副長、柳川平助第10軍司令官
らが陸軍中央の統制を無視して強行した南京攻略戦であったが、大元帥昭和天
皇からじきじきに「御言葉」が下される大軍功とされたのである。現地軍の中
央の命令無視、独断専行による侵略戦争の拡大も、一時的であっても「成功」
したと見なせば、天皇が追認して鼓舞、激励するという、以後も繰り返される
日本の日中戦争拡大の構図である。日本軍が南京攻略戦と占領下の南京でおこ
なった南京大虐殺についてはすぐに世界に報道されて、国際的な非難を呼び起
こしたが、日本においては、軍部と政府の厳しい報道統制によって、日本国民
には知らされることはなかった。

"真珠湾攻撃への序曲"といわれたパナイ号事件

　南京陥落の前日の12日、空から南京防衛軍の陣地を爆撃した海軍航空隊
は、中国軍の指導部が船舶に乗って長江上流へ脱出しつつあるという情報をえ
て、長江上の船舶の爆撃に向かい、先頭の村田重治隊がアメリカの砲艦パナイ
号を急降下爆撃して沈没させた（パナイ号事件）。パナイ号事件で4人が死亡、
ヒューズ艦長は重傷を負った。衝撃を受けたアメリカ国民の間に日本商品ボイ
コット運動がひろまった。

南京大虐殺事件

　1937 年 12 月、日本軍は首都南京の攻略戦で、投降した中国軍の兵士や一般の市民や難民に対して虐殺をおこないました。日本軍による中国人虐殺は20 万人におよびます。中国はユネスコに南京虐殺の資料を世界記憶遺産として登録申請し、2015 年 10 月 10 日に登録が発表されました。

河上に逃れる残敵を掃討し……

▶ 16 師団佐々木到一（とういち）支隊長の 12 月 13 日私記

　軽装甲車中隊午前 10 時頃、まず下関（シァアカン）に突進し、（長）江岸に蝟集（いしゅう）しあるいは江上に逃れる敗敵を掃射して、無慮 1 万 5 千発の弾丸を打ち尽くした。……この日、我が支隊の掃蕩作戦地域内に遺棄された敵屍は 1 万数千に上り、その外（ほか）、装甲車が（長）江上に撃滅したるものならびに各部隊の俘虜を合算すれば、我が支隊のみにて 2 万以上の敵は解決されているはずである。……その後、俘虜続々投降しきたり数千に達す、激昂せる兵は上官の制止を肯（き）かばこそ、片はしより殺戮する。」（「佐々木到一少将私記」、笠原十九司著『日中戦争全史』（上）高文研・2017 年）

家族 7 人を虐殺されて

▶ 夏淑琴（かしゅくきん）さんの証言

（撮影・大谷猛夫）

　当時私は 8 歳、日本軍によって私の一家は虐殺されたのです。私の家では、三代にわたる 9 人の家族がいて幸せな家庭を築いていました。祖父母と父母、そして子供が 5 人で、みな女の子でした。1937 年 12 月 13 日の午前、一団の日本兵が私の家に入ってきて、私たち一家のほとんどが殺されたのです。日本兵は最初に私の父を銃で撃ち殺しました。そして、何人かが母をつかまえ、服を剝いで縛りました。母はその時わずか 1 歳の娘を抱いていましたが、彼らはその子を母から奪い、地面に投げつけ、さらに銃剣を突き刺したのです。私たち 4 人の姉妹は祖父母の部屋に隠れました。やがて、その部屋に日本兵が入ってきて、祖父母を外へ連れ出そうとしましたが、祖父母がそれに反抗すると、日本兵はその場で祖父母を銃殺しました。私たち 4 人はベッドに隠れましたが、日本兵はまず 1 番上の姉を捕ま

えて、テーブルの上に乗せ、服を脱がせました。2番目の姉も服を剥がされました。それを見た私と下の妹は怖くて泣きだしました。すると日本兵は私たちを銃剣で突き刺したのです。私は3ヵ所刺されました。そこから私は意識を失ってしまいました。再び意識を取り戻した時、妹はまだ息のあるのがわかりました。2人の姉は裸のまま殺されていました。日本兵は去ったようでした。私は外に出て母を捜しに行きました。母は裸の姿で殺されていました。1歳の妹も息絶えていました。一家9人のうち7人がこのようにして殺され、たった2人生き残ったのです。この悲しみ……痛み……死んでも忘れられるものではありません。（2000年12月28日の証言、『平和の旅報告集』日本中国友好協会編・2001年）

▶ 『陣中日記』（第13師団歩兵第65連隊第4中隊の宮本省吾（仮名）少尉）

十六日

　警戒の厳重は益々加はり、それでも前十時に第二中隊と衛兵を交代し一安心す。しかし其れも疎[ママ]の間で午食事中俄に火災起り、非常なる騒ぎとなり、三分の一程延焼す。午后三時、大隊は最後の取るべき手段を決し、捕虜兵約三千

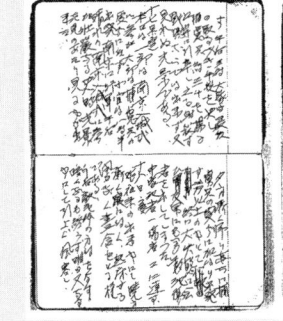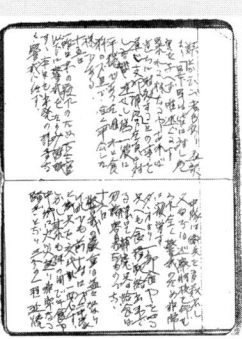

を揚子江岸に引率し、之を射殺す。戦場ならでは出来ず、又見れぬ光景である。

十七日（小雪）

　本日は一部は南京入城式に参加、大部は捕虜兵の處分に任ず。小官は八時半出発、南京に行軍、午后晴れの南京入城式に参加壮厳なる史的光景を見のあたり見る[ママ]事が出来た。

　夕方漸く帰り、直ちに捕虜兵の処分に加はり出発。二万以上の事とて終に大失態に会ひ友軍にも多数死傷者を出してしまった。中隊死者一、傷者二、に達す。（『南京大虐殺を記録した皇軍兵士たち：第十三師団山田支隊兵士の陣中日記』大月書店・1996年）

南京・揚子江岸に折り重なる
虐殺された遺体
（撮影・村瀬守保）

のちに日本海軍が真珠湾攻撃をすると、アメリカではパナイ号事件を「真珠湾攻撃への序曲（Prelude to Pearl Harbor）」と想起するようになった。日本においてもパナイ号を撃沈した村田重治が、真珠湾攻撃において最初に戦艦ウェストバージニアを魚雷攻撃で炎上させた。またパナイ号事件の衝撃を鎮静化するために、アメリカ政府との対応に奔走した当時の海軍次官山本五十六は、1941年にあっては、日本連合艦隊司令長官として真珠湾攻撃作戦を計画させ、その実行を指令した。さらに常州の基地で南京爆撃を指揮した参謀が真珠湾奇襲攻撃の綿密な作戦計画を立てた源田實であった。山本、源田、村田の3人もパナイ号事件が「真珠湾攻撃への序曲」となったことを証明する日本側の軍人であった。

| 8 | 日中戦争は長期泥沼戦争へ

「国民政府『潰滅』をめざす」──第一次近衛声明

中国の首都南京を占領した日本は政府官庁が主導して全国で戦勝祝賀行事を繰りひろげた。しかし、国民政府はすでに重慶に遷都を決定、武漢に暫定的な首都機能を移して抗日戦争を継続した。

1938年1月14日近衛内閣は、日本からドイツに仲介を依頼したトラウトマン和平工作（交渉にあたった駐華ドイツ大使トラウトマンの名前をとってこういわれる）を打ち切り、「国民政府を対手とせず、国民政府の潰滅をめざし、新政権を樹立する」という閣議決定をおこなった。大本営政府連絡会議の決定を経て1月16日、近衛内閣は「帝国政府は爾後国民政府を対手とせず」という第1次近衛声明を発表した。日中戦争の目的は国民政府を「潰滅」させ、新たに親日政府を樹立することにあると声明したのである。

国民政府の首都南京を占領しても中国は屈服せず、拡大派が主張した「中国一撃論」は誤っていたことを日本政府と軍部は認識することはできずに、さらなる打撃を軍事的に与えれば国民政府は屈服するだろうという思いこみから、以後大規模な軍事作戦を展開した。

まず、1938年春に徐州作戦が敢行された。徐州は華北と華中を結ぶ交通の要衝にある。徐州に国民政府軍の主力が集結しているという情報を得た大本営は、中国軍の捕縛殲滅をねらって1938年4月7日、徐州作戦を命令した。日

本軍は5月17日徐州を占領、日本国内では提灯行列をするなど戦勝気分を盛り上げたが、中国主力軍はすでに退却してしまっていた。

徐州作戦中に日本刀の試し斬りで惨殺された
中国の若者（撮影・村瀬守保）

ついで大本営は8月22日、「中支那派遣軍は海軍と協同して漢口付近の要地を攻略占拠すべし」と武漢攻略作戦（武漢作戦、漢口作戦ともいわれる）を命じた。海軍は中国奥地を爆撃するための航空基地を築くために、武漢地区（武昌・漢口・漢陽）の占領を強く要請していた。2ヵ月におよんだ武漢攻略作戦は日本、中国とも大軍を投入、それまでの日中戦争におけるもっとも大規模な戦闘となった。

日本軍は10月27日武漢全域を占領した。しかし国民政府は日本軍の武漢進攻を予測して6月には奥地の重慶に政府機関を移転、主力軍も地の利を利用して撤退していたので、中国軍に大打撃を与えるという日本軍の目的は達成できなかったのである。

日中戦争当時、日本は**毒ガス**§ P.42や細菌兵器が国際法では禁止されていることを承知していながら、毒ガス兵器の開発と製造を進め、日中戦争の全面化とともに戦闘での使用を開始し、武漢攻略作戦において、本格的に毒ガス作戦を発動した。

日本軍が、戦時国際法で禁止されていることを認識しながら中国戦場において、毒ガス兵器を公然と使用したのには、中国や中国人にたいする差別意識があった。それは、南京攻略戦において、中国兵の捕虜*、投降兵、敗残兵をハーグ陸戦条約*に反して集団虐殺したことにも示された。

日本軍は、日露戦争、第一次世界大戦（日独戦争）においては、中央に俘虜*情報局、各地に俘虜収容所をつくって、きちんと捕虜の待遇をしたのであるが、日中戦争の全期間をつうじて、正規の俘虜収容所はつくらなかった。これにたいし、アジア太平洋戦争においては、アメリカ軍やイギリス軍などの連合国軍の捕虜にたいしては、中国軍にたいしておこなったように、いっせいに集団殺戮をするようなことはしなかった。

毒ガスも同様で、のちのアジア太平洋戦争において、アメリカ軍やイギリス軍にたいする毒ガス兵器の準備、配備はしたものの、使用は概して抑制された。1944年には、アメリカ軍にたいする毒ガス兵器の使用を禁止する命令を出している。それは、アメリカ軍が報復として日本軍にたいして毒ガス兵器を使用することを回避しようとしたまでで、戦時国際法遵守ということではなかった。武漢作戦以後、日中戦争における毒ガス兵器の使用は恒常化し、毒ガス作戦はエスカレートするいっぽうで、使用も大規模となった。戦時中の中国には、毒ガス兵器を製造する科学技術や設備がないことを見越して、中国軍からの毒ガス使用はないと判断して、公然と使用したのである。

国民政府「壊滅」の失敗——第2次近衛声明

国民政府の「壊滅」をめざした大本営はイギリス領の香港をつうじて欧米からの国民政府援助物資が搬入されることを阻止するために、武漢攻略作戦と同時期に広東作戦を命令した。周到な準備をした日本軍が1938年10月9日に台湾を出発、広東に侵攻したが、国民政府軍の抵抗はほとんどなく、10月21日には広東を占領した。大本営陸軍部が広東占領につづいて武漢占領を発表すると、日本国内ではサイレン・ラジオ・号外などでいっせいに報道され、10月28日は政府によって武漢・広東占領祝賀の日とされ、全国で戦勝祝賀行事が大々的に繰りひろげられた。

蔣介石は武漢撤退にさいして「全国国民に告げる書」を発表して全面抗戦の堅持を呼びかけた。1938年に日本は国民政府の「撃滅」をめざして大作戦を敢行したにもかかわらず「撃滅」することができず、日中戦争は長期戦争の泥沼に入りこんだのである。中国は抗日戦争は長期持久戦段階に入ったと位置づけた。

1938年11月3日、近衛内閣は「東亜新秩序声明」(第2次近衛声明)を発表、国民政府の新秩序への参加を拒否するものではないと和平への期待をもり

---

*ハーグ陸戦条約　1907年にオランダのハーグで結ばれた条約。日本は1911年に批准。交戦者の資格と捕虜の人道的待遇、敵国領土の占領と占領軍の権限などを内容としている。また、毒ガスなど化学兵器の使用も禁止している。

*捕虜・俘虜　捕虜は戦闘などで敵方に捕らえられた将兵であるが、日中戦争で日本軍は、戦闘員でなくとも嫌疑をかけた農民などを捕らえて捕虜とした。捕虜となった将兵が国際条約を遵守した取り扱いを受ける場合、俘虜と称される。

こみ、「国民政府を対手とせず」という第1次近衛声明を修正せざるをえなくなったのである。

｜9｜ 日中戦争の行き詰まりから南進・北進へ始動

海軍の海南島占領と基地部隊の設置

日本海軍は1939年2月10日から中国大陸の南端にある海南島への侵攻作戦を開始、3日後には作戦を終了した。海南島は台湾に近いひろさをもち、現在は海南省となっている。海南島は海軍の南進政策にとって絶好の戦略的位置にあった。海南島の西方にはトンキン湾を隔ててわずか300キロにベトナムがある。ベトナムは当時フランスの植民地で仏領インドシナと称された。海軍が海南島に基地を設ければ、ベトナムの攻略、制圧は容易であった。海南島の東方は南シナ海を隔てて1000キロ圏内にアメリカの植民地フィリピンのルソン島があり、日本海軍が開発した長距離爆撃機の九六式陸上攻撃機や零式戦闘機＊（1940年完成）で攻撃できる距離にあった。さらに海南島の北東にある台湾へはおよそ1000キロであり、その中間にイギリス領の香港があった。海軍航空隊が海南島に航空基地を開設すれば、香港はその制空権下におかれることになった。

海軍は海南島を軍事占領するとすぐに飛行場を建設し、海軍航空隊の陸上基地を開発、運営、防衛するために基地部隊を設置した。さらに軍政を施行して島内の抗日武装ゲリラを掃蕩するために海南警備府を設置した。

日米戦争では艦隊決戦よりは航空部隊の陸上基地の争奪戦となったが、海南島に最初の基地部隊が設置され、アジア太平洋戦争において重要な役割を果たした。アメリカは海軍の海南島軍事占領と南進基地化に抗議して、1939年7月26日、大統領の権限で「日米通商航海条約廃棄通告」を日本政府へ提出、同条約は6ヵ月以後無効となると通告した。アメリカ政府による対日経済制裁

＊**零式戦闘機（零戦）**　日本海軍の艦上戦闘機。当時としては優れた性能をもち、最初の任務は、その航続距離の長さと運動性能を生かし、中国戦線で重慶爆撃に出撃する中攻機を護衛することだった。その後、零戦も空爆で中国に大きな被害を与えた。アメリカなどとの戦闘でも活躍したが、その後米英などがより高性能の戦闘機を開発し零戦の優位は覆された。戦争末期には特攻機としても使用された。

の第 1 段階となった。

　日本海軍の軍令部が積極的に主導して 1941 年 7 月に断行した南部仏印進駐は、アメリカ政府に対抗制裁措置として対日石油全面禁輸を実行させ、日米開戦を決定づけたが、南ベトナムへ向けて陸海軍の全兵力が出発したのは海南島の三亜港からであった。

ノモンハン戦争

　陸軍の北進論、北進政策は「満州国」を基地にして沿海州・東部シベリア・内外モンゴルへも進出するというものだった。1938 年夏に「満州国」と朝鮮と沿海州の国境地帯の張鼓峰で日本軍（朝鮮軍）が挑発したソ連軍との軍事衝突事件が発生した（張鼓峰事件）。ソ連軍にいっぽう的に敗北した日本軍にいして、関東軍参謀の辻政信はソ連軍の警備がうすいとみなした「満州国」と国境を接する東部モンゴルからソ連のバイカル方面へ侵攻する作戦計画を立てるようになった。

　モンゴル人民共和国は 1924 年に建国されたアジアで最初の社会主義国であった。日中戦争が開始されると日本に通敵するのではというスターリンの猜疑心が強まり、1937 年 10 月から 39 年 5 月にかけて、モンゴル人民革命党・政府・軍の指導者 2 万余人が反ソ連・反革命、日本のスパイなどの嫌疑で銃殺された。スターリンの大粛清でモンゴル軍が崩壊状態にあるという情報を得た関東軍司令部はモンゴルに侵攻する好機が到来したと判断した。

　1939 年 5 月末、ハイラルから出撃した関東軍の部隊が、モンゴル・ソ連軍が「満州国」とモンゴルの国境のハルハ河を越えたと攻撃した。しかし、ソ連軍の反撃により一部隊が全滅した（第一次ノモンハン戦争）。

日本軍のトラック部隊を乗せてノモンハンへ向かう
南満州鉄道（撮影・村瀬守保）

　関東軍においては辻政信参謀と参謀（作戦主任）の服部卓四郎が、陸軍の飛行兵団、戦車兵団と大部隊を出動させてソ連軍を撃滅、さらにモンゴル領内に侵攻する作戦を積極的に進めた。7 月 2 日からハルハ河を挟んで関東軍とソ連軍の大部隊が第二次ノモンハン戦争

を開始した。8月20日からソ連軍は航空機500機による爆撃と最新鋭の戦車大集団による攻撃を開始、第23師団は潰滅させられた。辻や服部は関東軍の全部隊を投入して決戦を挑もうとしたが、大本営は第二次世界大戦の勃発というヨーロッパの情勢の急変にともない、関東軍司令部の幹部を更迭、日本政府は9月15日ソ連と停戦協定を結んだ。

ノモンハン戦争と七三一部隊

ノモンハン戦争には、関東軍司令官の命令により、関東軍防疫部（部長石井四郎軍医大佐、石井部隊と称する）が給水班を編成、石井四郎みずから最前線へおもむき、石井が開発した石井式濾水器を携行、使用して、湖沼水や川水などの生水を濾過して、人馬に提供した。この石井部隊が**七三一部隊**[P.44] である。石井部隊は飲用水の供給というのが「表の顔」で、細菌戦部隊が秘匿された「裏の顔」であった。

8月20日のソ連軍の大攻勢によって第23師団は壊滅寸前に陥ったが、この時に、ソ連軍の大規模攻勢を妨害することを目的に細菌攻撃が実施された。2、30名からなる七三一部隊の決死隊が、ハルハ河の支流であるホルステン河の上流に、チフス菌の培養液を入れた2、30個の石油缶をトラックで運び、その中身を河に流したのである。この時、培養液をあびた軍曹がのちに腸チフスで死亡した。この時のチフス菌攻撃の結果、ソ連軍兵士に被害者が出たのかどうかは、資料がないので不明である。

ノモンハン戦争で初めて細菌兵器を使用した関東軍は、ソ連軍が大量に細菌兵器を使用することが予想されるので、それに備えなければならないということを口実にして、全満州に支部、支所を設置し、戦時は各兵団に配属させるという石井部隊の拡大案を陸軍省に提案、陸軍中央がこの提案を受け入れ、40年8月1日、関東軍防疫給水部に拡大、改編された。戦時に各兵団に配属されることになったのが、細菌戦部隊である。

日本陸軍における細菌戦の研究と実験、細菌兵器の製造、中国人などに対しての**生体解剖・生体実験**[P.46] そして細菌兵器の実戦使用の指導機関になったのが関東軍防疫給水部すなわち七三一部隊であり、その生みの親、育ての親が軍医の石井四郎であった。七三一部隊は、ノモンハン戦争を利用して積極的に活躍ぶりをアピールし、それが陸軍中央に認められ、関東軍防疫給水部に組織を飛躍的に拡充させたのである。

毒ガスの使用

　毒ガス使用は世界的に禁止されていましたが、日本軍は国際法違反と知りながら使用しました。毒ガス兵器には催涙ガス（みどり筒）、嘔吐性ガス（あか筒）、びらん性ガス（きい筒）などがあります。日本軍は７３１部隊でも人体実験を繰り返し、中国戦線で実戦使用。1800 回以上使用したといわれています。敗戦の際、多くの毒ガスが土中に埋められたり井戸に投げこまれたりして遺棄されました。その数は日本の推計で 70 万個、中国の推計では 200 万個ともいわれています。中国では戦後も、毒ガスを遺棄されたことを知らない人々が毒ガス弾を掘り出すなどして被害にあう事件がつづいています。

毒ガスをつかうのはいつものこと
▶ 絵鳩毅さん（陸軍軍曹・分隊長）の証言

（撮影・落合由利子）

　　　　　1942 年 5 月から 1945 年 6 月の間、私の大隊本部は山東省の新泰県というところにありました。毒ガスについては詳しくないのですが、討伐に行く時には必ず防毒マスクの携行を義務づけられましたし、さらにどのような作戦でも、必ず砲兵中隊はあか筒とみどり筒を携行しておりました。1943 年 3 月、私たちは新泰県から数キロ離れた羊流店という部落に討伐に行きました。そこには抗日軍がいて私たちの大隊は討伐隊を編成して夜間に出発し、夜明け前に村を包囲しました。隊長の命令で私たちは村に向けて毒ガスを発射し、村から飛び出してきた抗日軍に向かって発射しました。そのとき使ったのがあか筒だったかみどり筒だったか定かではないのですが、毒ガスを使うのはいつものことでした。私は初年兵教育を佐倉（千葉県）で受けましたけれども、その時われわれの訓練項目の中に毒ガスの教育が組みこまれていました。（1994 年の証言。歩平著『日本の中国侵略と毒ガス兵器』明石書店・1995 年）

毒ガスを利用して大量に殺害
▶ 金子安次さん証言

　昭和 17 年 8 月頃です。八路軍がかなり部落に入っているから、1 中隊と 2 中隊合同でその部落を攻撃しろという命令をもらいました。中国の部落には、必ずレンガや

泥の高さ4〜5メートルの城壁があり、周りに壕が掘ってある部落もありました。私たちは攻めたのですが、八路軍の抵抗が激しくてやむを得ず、長さ1メートル位の迫撃砲に針の付いた爆弾を入れて20〜30発撃ちこみました。それはガス弾、催涙ガスだったのです。

　激しかった八路軍の抵抗がぱたっとやんで、右側の入口から八路軍、女性、農民が口を押さえながらぞろぞろ逃げてくるのです。女性、子ども、老人も殺してしまえという中隊長の命令で、機関銃で撃ち殺しました。そのようにしてガスを利用して大量の中国人民を殺してまいりました。（2001年12月18日の集会での証言。『毒ガス資料集 Vol. 2』日本が残した毒ガス被害者を支える会）

ドラム缶に毒ガスが
▶ 牛海英（ぎゅうかいえい）さんの証言

　家族3人、忙しい中にも幸せな毎日は、2003年8月4日に壊れました。この日の午前9時頃、私の経営する廃品回収所に、李貴珍（りきちん）さんが、ドラム缶5個をもってきました。李さんが私の店の前の空き地でドラム缶を解体した瞬間、液体と気体が同時に吹き出し、ドラム缶からかなり刺激の強い臭いが噴出し、みるみるうちに鼻、胸、肺それから頭のてっぺんまで充満して、まるで辛子を食べたようでした。

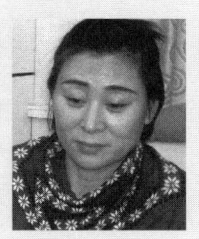

（撮影・大谷猛夫）

　私は湿ったタオルでずっと鼻をおさえていました。彼はまた解体作業を続けていました。4個の缶の中には、液体が入っていたので、隣人の王成（おうせい）さんが手伝って、液体をひしゃくで洗面器にくみだし、前面の路の溝に捨てていました。お昼に食事を届けてくれたお手伝いさんが私を見て、まるでお酒を飲んだように顔全体から胸にかけて真っ赤になっていると言われました。目が充血し、のどがひどくただれて、自分は熱中症だと思いました。のどが非常に渇くので、水をいくら飲んでものどの渇きをいやすことはできませんでした。

　李貴珍さんは体調が悪くなり入院、牛海英さんも顔と首が赤く腫れ上がり、目の痛みもよりひどく、頭ももうろうとなり、中毒と診断され入院、鏡で顔を見ると醜くはれ上がり、愕然としたと言います。嘔吐、激痛などで苦しみ、3ヵ月以上たって退院しました。李貴珍さんはその後体調が悪化、亡くなりました。（2008年3月10日東京地裁での陳述。『Suopei 中国人戦争被害者の要求を支える会ニュース』No.60・2008年）

七三一部隊

七三一部隊は 1936 年に旧満州・ハルビン郊外の平房に設けられ、国際法で使用が禁じられていた毒ガスや細菌兵器の開発・製造を目的としました。中国人・ロシア人ら捕虜をペスト菌やコレラ菌に感染させ、生体解剖をおこなったり、凍傷実験に用いたりして 3000 人以上を虐殺しました。

日本の憲兵隊は捕らえた抗日戦士らを「特移扱」として、七三一部隊に送りこみました。1945 年 8 月の敗戦時には証拠隠滅のため施設は爆破され、監禁していた捕虜を殺害し、1000 名以上の隊員が日本に逃げ帰りました。

部隊長だった石井四郎軍医中将らは米軍への研究データの提供と引き替えに、極東国際軍事裁判でも訴追されませんでした。七三一部隊に従事した人員は軍人・軍属あわせて 3560 名に及び（2012 年厚生労働省による。西山勝夫滋賀医科大学名誉教授発掘の資料によると 3607 人）、日本各地の大学の研究者も多く加わっていましたが、ソ連に抑留されたごく一部を除き責任を問われることなく戦後の医学界に復帰しました。

７３１部隊本部の全景

人間を「マルタ」と言って生体実験・生体解剖
▶ 篠塚良雄さん（元七三一部隊少年隊員）の証言

（撮影・落合由利子）

マルタというのは、ここに監禁され、やがて生体実験、生体解剖される人たちのことです。隊員たちが夜おそく風呂に入りながら、「今日おまえンとこで何本倒した」「おれンとこ 3 本だよ」「おれンとこ 2 本だよ」と、まるで丸太のようないい方をするのを聞きました。人間の命を奪うのに、材木の丸太を倒したような感覚で「何本倒した？」と。

七三一部隊では毒性の強い細菌をつくるために、まず人間の体にワクチンを注射しました。体に免疫ができた頃を見計らって今度は細菌を注射します。それでその人が発病すれば、自分たちのつくった細菌がワクチンに打ち勝ったことになります。生体実験に使

われた人が発病すれば、喜んで祝杯をあげました。発病した人は生体解剖されます。生体解剖になれた者たちは、自分の目的とする臓器を切り刻んでそれを細菌培養基にぬりつけました。人間の心があればとてもできないことです。

このようにして培養された猛毒細菌は中国各地で使われました。これから生体解剖する人の体をデッキブラシで洗ったり、そういうことを私自身、だんだん人間性を失うなかでやってきました。（2008 年 9 月 14 日の岩手県奥州市での証言。撫順の奇蹟を受け継ぐ会岩手支部の記録）

七三一部隊で夫が殺された

▶ 敬蘭芝さんの証言

1941 年 7 月 17 日のことでした。夫、朱之盈は朝いつもどおりに出かけましたが、5 時を過ぎても帰ってこないのです。夜 7 時をまわった頃、日本の憲兵が家中のものをひっくり返したあげく、私を憲兵隊に引っ張っていきました。この日の深夜になって、憲兵は私に拷問をくわえました。私の衣服を剥ぎとり革ベルトで鞭打ちながら尋問しました。

（撮影・大谷猛夫）

翌日の午前、再び尋問室に連れて行かれるとそこに手錠足かせをはめられ、衣服はボロボロで顔には血のあとがある夫、朱之盈がいました。憲兵は朱之盈の前で、私を殴り蹴り鞭打ちました。憲兵は私を放し朱之盈を激しく打ちはじめました。気を失うと冷たい水を浴びせかけるのです。

4 日目の夜、憲兵隊はまた私を尋問に引っ張り出しました。憲兵の 1 人が棒で私の腹を打とうとしたのでそれを避けようとして手首の骨が折れました。私は何度も打たれてそのたびに気を失いました。2 人の憲兵が無理やり 2 階のある部屋に私を引きずっていきました。そこで夫が棒にくくりつけられ、ぶら下がっており、首は垂れ、服はボロボロでした。皮膚は裂け血だらけで自分の夫とは思えませんでした。これが夫の顔を見た最後でした。

1950 年に、朱之盈は七三一部隊で殺されたという庄克仁からの手紙を受けとりました。それを読んだあと胸は張り裂けそうでした。すさまじい拷問にあっただけでなく、生きながら人体実験の実験台にされるとは。どうしてこんな目にあわなくてはならないのか。私は憎みました。日本人を憎み、侵略者を憎みました。（1995 年 11 月 29 日の東京地裁での陳述。『支える会ニュース No.12』中国人戦争被害者の要求を支える会・1996 年）

生体解剖・生体実験

　最前線で負傷した兵士を迅速に治療し戦力の低下を防ぐため、日本軍の軍医は即戦力でなければならず、そのための訓練として生体解剖・生体実験は中国各地の陸軍病院や野戦病院で実施されていました。日本軍の悪業のなかでも、「七三一細菌戦部隊」はその際立った残虐性でひろく知られています。しかし、この「七三一部隊」だけが突出していたわけではなく、生体解剖などの残虐行為が中国各地で日常的におこなわれていたことは、元軍医の湯浅謙さん（コラム「軍医・湯浅謙さんの戦争体験」48 ページで記述）をはじめとした数々の証言によって明らかになっています。

三井軍医は誇らしげな眼つきで
▶ 田川正一さんの証言

　私は老百姓の全身をジロリと見た。2 つにわけられた赤黒い血だらけの腹、ザクザクに切った胸、2 つに切った食道の肉はビクビクとケイレンする。腹の内臓は液がつつみ、心臓はまだかすかに動いている。グルリととりまいた兵隊の眼は大きく、歯をかみしめていた。

　「こうしたことが、やがて戦場で日本軍を何人も助けることができるような担架兵になるのに役立つのだ。いいか、わかったか？」。四面を血でそめたこの草原のなかでまっかによごれた手を前に突き出しながら、三井軍医は誇らしげな眼つきでそういった。（『侵略―従軍兵士の証言』日本中国友好協会・中国帰還者連絡会編・1970 年）

良心の痛みなどなかった
▶ 軍医・石田新作さんの証言

　私自身、七三一部隊に所属していたこともなければ、主舞台たるハルビン郊外という土地を踏んだこともない。それなのに、なぜ知っていたかというと、私たちは七三一部隊の本家で学んだからであり、多数の捕虜の生体実験がおこなわれても、すこしも不思議ではない状況のなかで教育を受けており、七三一部隊の親玉として、七三一部隊そのものであったといってよい石井四郎軍医中将（当時少将）の特殊講義を受講し

たからである。この講義は、さすがに凄かった。単なる医学理論の口述だけで
なく、実際に細菌戦に用いた細菌の量産工場も見学させられたし、細菌に感染
させたマルタ（丸太＝生体実験用の敵捕虜）のナマ首も見せてくれた。ここで
いう本家とは、旧陸軍軍医学校である。……いわば七三一部隊は、陸軍軍医学
校の落とし子であり、われわれ現役の軍医は、その悪魔の所行を生んだ母胎で
教育を受けたから、細菌兵器の開発や生体実験について、ある程度の基礎知識
を得ていたのはむしろ当然のなりゆきだったといえよう。

　私たちは、そこで悪魔の所行のかずかずを、平気な顔で聞いた。良心の痛み
など、むろんなかったと、ここではありのままに告白する。それどころか、石
井四郎中将の講義には、大半のものが魅せられて、本来、冷静なるべき医学生
が、昂奮状態になっているのも、めずらしくはなかった。（石田新作著『悪魔の日
本軍医』山手書房・1982年）

手術のための教育として

▶ 軍医・野田実さんの証言

　1945年4月のことであった。炭坑で名高いあの河南省焦作鎮に私の所属し
ていた旧第117師団野戦病院が駐留していた。……私は、突然、病院長軍医
少佐丹保司平に呼ばれた。

　「じつは明日、軍医の教育をやりたいのだが、君は昨年10月、鄭州の12軍
司令部がおこなった軍医教育に直接参加して、経験済みだし、あの要領でやっ
てくれればいいのだ。憲兵分遣隊から——どうせ殺すのだから、病院で何か試
験に使って処分してくれてもよい——という話があり、いい機会だから、軍医
たちの手術の練習のために教育をやろうと思っているのだ。戦地に来ている軍
医は、内科だろうが、外科だろうが、救急の手術や盲腸の手術は、いつ、どこ
でもできるようにしておかねば成らぬからなあ…」

　私は、病院長のこの言葉を聞いたとき、しめたとばかり、即座に「承知しま
した」と引き受けていた。というのは戦地に来て以来、噂に聞く「生体解剖」
を、一度やってみたいと思っていたが、去年鄭州のときは、傍で見学してい
ただけで、自分でやれなかったのが残念でたまらなかったからである。（『侵略』
中国帰還者連絡会・新読書社編・1958年）

軍医・湯浅謙さんの戦争体験

　1916 年、埼玉県の開業医の家に生まれました。1929 年、第一東京市立中学（現都立九段高校）入学。学校でも家庭でも、比較的自由な生活で、ファシズムを強圧的に教えられることはなかったため、かえって周囲の「日本人は優秀な民族で支那を征服して東亜の盟主になるのだ」との話を抵抗なく受け入れてしまいます。1934 年、東京慈恵会医科大学予科入学。社会科学の本を読み、友人と討論しあうこともありましたが、「危ないものには近寄らない方がよい。医者になれば人に恥じない生活ができる」と考えるようになりました。

　1941 年卒業。4 月、伝染病専門の駒込病院内科医となりました。6 月徴兵検査。担当の係官から、軍医に志願するよう強く勧められ、1942 年 1 月、軍医中尉として中国山西省潞安陸軍病院へ赴任（26 歳）。3 月半ば、中国人捕虜にたいするはじめての生体解剖は日常的な雰囲気のなかでおこなわれ、「罪悪感はなかった」といいます。

　1943 年 4 月、北京方面軍から、軍医の質が落ちて実戦に間にあわないから「生体解剖教育を頻回実施せよ」という命令書が届き、衛生兵教育として、中国人捕虜の体から脳の皮質を採取し、日本の製薬会社に送ったりしました。敗戦まで 7 回、14 人の生体解剖にかかわりました。

▶ 証言

（撮影・落合由利子）

主な著書：『中国・山西省日本軍生体解剖の記憶』ケイアイメディア・吉開那津子著『湯浅軍医生体解剖の記録　消せない記憶』日中出版。2010 年逝去（94 歳）。

　山西省の省都の太原という所に、各地の軍医が 40 名程集められました。陸軍病院と師団に付属している野戦病院です。

　……内科外科の講義があったうちに、軍医部長が、「今日はいい事をさせてやるぞ」と。そして講義が終わった後に集まったのが、太原の監獄です。その時まで何をやるのか分かりませんでした。そこに 40 名ぐらい集まりました。そこに中国人が 2 人目隠しされて、結わかれていてしゃがんでいる。そしたら看守ですね、ここ（肩）に白い階級章があり

まして、「やりますか？」と言って、拳銃を抜いて「パンパン、パンパン」と2発ずつお腹に撃ちこみました。撃たれたらどういう声を出すか、痛いって言えないんですね。「ハアッハアッ」と。それを10人ずつで担いでいく。そこで弾を抜く練習です。

軍医部長が「弾を抜くまでは生かしておくように」と言うんですが、僕たちはへたでしょう。そうじゃなくても、強心剤もない止血剤も酸素吸入もないっていうところでやるんですからね、出血もするし。やったらすぐに死んじゃった、てなもんでしたよ。また隣の部屋で「パンパン、パンパン」2発ずつ4発、2人をまた20名がやったんでしょうね。そして手術演習、手を切る、足を切る、お腹の盲腸の手術、こういうのをやったんです。いつ死んだか分かりませんでした。（DVD「泥にまみれた靴で」日本中国友好協会企画・日本電波ニュース社制作・2007年）

　　七三一部隊の石井四郎部隊長の査問があり、ペスト菌付着の蚤を駆除する演習に参加、さらに、防疫給水部の要求に応じ、保存していたチフス菌、赤痢菌を再三にわたり提供しました。

　　1945年8月の敗戦後も「八路軍の支配になっても医者ならなんとか生活できるだろう」と考え、日本人のための診療所づくりに取り組みました。1951年1月、永年（えいねん）捕虜収容所に家族と別々に収容され、1952年12月、太原戦犯管理所に移され（36歳）、自分の犯罪行為をはじめて隠すことなく書きました。1954年春頃、生体解剖をした犠牲者の母親からの告訴状を読みました。最初の犠牲者はよく覚えていましたが、2回目以降は顔すら覚えていないことに気づかされます。「重大な罪を犯してしまったと、身体全体に罪の重さが満ちていった」。

　　1956年6月、起訴免除となり釈放（40歳）。日本へ帰国後、民主診療所の運営に参加。加害体験の語り部として精力的に活動。証言回数は500回を超えました。ビデオ「証言20世紀からの遺言」（日本中国友好協会企画・日本電波ニュース社制作・2001年）でも証言。

ノモンハン戦争後、陸軍中央は細菌戦に期待をよせ、七三一部隊が関東軍防疫給水部に拡充してから製造した細菌兵器を中国戦場で使用するよう指示した。このため、関東軍防疫給水部に改編されて以降、華中の戦場において細菌戦を実施するようになった。こうして、「防疫給水部隊」という「表の顔」とまったく逆のことを中国軍、中国民衆にたいしておこなう「細菌戦部隊」としての「裏の顔」が表裏一体になったのである。

| 10 | 華北における治安戦（三光作戦）

八路軍の百団大戦と日本軍の治安戦（三光作戦）

　日本の中国侵略戦争である日中全面戦争、中国にとっての抗日戦争開始にともなって成立した第2次国共合作によって、華北の共産党軍は国民革命軍第八路軍（八路軍）、華中の共産党軍は国民革命軍新編第4軍（新四軍）に編入替えされた。共産党軍は日本軍の占領支配地域に抗日根拠地を築いて拡大させ、日本軍の侵略、占領、支配から土地と民衆を解放した。解放された地域を中国では「解放区」と呼んだ。共産党が統治した地方政権は公式には「中華民国特区政府」と称されたが、一般的には辺区政府といわれた。辺区政府＝抗日根拠地政権は共産党が国民政府から独立した地方政治権力を築き、民衆を抗日勢力に組織していった。日本軍が国民政府軍の潰滅をめざしてつぎつぎと大作戦を繰りひろげ、占領地を拡大していったのに比例して、共産党・八路軍は日本軍の占領地内部に解放区すなわち抗日根拠地を拡大した。

　中国においては、国民政府軍（国民党軍）が飛行機や戦車など近代兵器も投入して、日本軍と正規軍どうしが対峙して大規模な正面作戦を展開したのを「正面戦場（国民党軍戦場）」といった。いっぽう共産党勢力を中心とする八路軍・新四軍・抗日ゲリラ部隊（抗日遊撃隊）が日本軍部隊にたいしてゲリラ戦（非正規戦）を展開し、日本軍の占領支配地域を内側から解放して解放区を拡大し、抗日根拠地を建設したのを「後方戦場（敵後戦場・共産党軍戦場・解放区戦場）」と呼んだ。

　中国革命をめぐって敵対関係にある国民党と共産党が日中戦争（抗日戦争）においては、第2次国共合作を成立させ、抗日民族統一戦線を形成して、正面戦場と後方戦場において共闘した。このため、日本軍が正面戦場において国民

政府軍を破り占領地を拡大しても、共産党軍が内部から解放していったので、日本軍は中国大陸の広域（面）を占領統治することはできず、大中都市（点）と鉄道・幹線道路（線）を占領確保できたにすぎなかった。すなわち、中国大陸の点と線を占領支配できたにすぎなかった。

　日本軍は日中戦争の初期の段階では、後方戦場における共産党軍の勢力をさほど脅威と見ていなかったが、1940年の百団大戦以後、それは一変する。同年8月下旬から10月上旬にかけて2次にわたり、八路軍は日本軍が占領する華北の主要鉄道・通信線・日本軍の拠点にたいして、全勢力をあげて奇襲攻撃をくわえ、大きな損害を与えた。作戦に参加した八路軍の総兵力は115団40万人といわれ、百余団が参加したことから百団大戦と呼ばれる。

　これにより皇軍の「威信失墜」という屈辱をあじわった北支那方面軍は、共産党・八路軍の抗日根拠地にたいする「燼滅掃蕩作戦」を治安掃蕩作戦として実施した。「燼滅」とは「あとかたも残らないように焼き尽くし、滅び尽くす」すなわち徹底的に殺戮、破壊、放火、略奪して生存不可能な状態にするというものだった。中国では「三光作戦」または「三光政策」§ P.54 と呼んだ。「三光」とは中国語で「焼光（焼き尽くし）、殺光（殺し尽くし）、搶光（奪い尽くし）」を意味する。

　1940年には八路軍・新四軍は60万人以上、民兵（ゲリラ兵）200万人の大勢力に成長、日本軍占領地内の解放区の人口は約4000万人に達していた。百団大戦は北支那方面軍の共産党・八路軍にたいする認識を一変させ、「剿共なくして治安維持は達成せられない」と主敵が国民政府軍から共産党軍に移り、抗日民衆も相手にする戦闘に転換した。

　この間に、北支那方面軍当局の共産党、八路軍についての調査研究が進み、共産党・八路軍・抗日政権・民衆が一体となっているその組織と力量が、容易ならぬものであることが明らかになった。その結果、共産党軍それ自体の軍事力はたいしたことはないが、治安攪乱の主体は共産主義化した民衆であるので、抗日根拠地、抗日ゲリラ地区の民衆を主要な敵とみなして、殺戮・略奪・放火・強姦など戦時国際法に違反する非人道的な行為を犯してもかまわない、という本格的な三光作戦の方針が打ち出された。日本軍は共産主義という「悪」を根絶・絶滅するのに手段を選ぶ必要がない、戦時国際法や国際人道法などの適用など考慮する必要がないという軍事思想的「正当化」にもとづいて、本格

軍用トラックで移動する「日本軍慰安婦」
（撮影・村瀬守保）

的な作戦計画を立て、抗日根拠地や抗日ゲリラ地区の軍民にたいする皆殺し作戦を実行した。

日中戦争において、日本軍がおこなった残虐事件の象徴として、南京大虐殺が語られることが多いが、治安戦（三光作戦）のなかでおこなわれた虐殺・残虐事件こそが、日本軍の正式な作戦計画にもとづいて、抗日根拠地や抗日ゲリラ地区の軍民の燼滅・殱滅をはかった大規模な掃蕩作戦の結果生じたものであり、軍事思想・作戦・実態・犠牲者数において、日中戦争の侵略性・残虐性を象徴する深刻なものであった。なかでも三光作戦が長期にわたり、かつ広域においておこなわれたために犠牲者数は膨大な数になった。

治安戦では、抗日根拠地、抗日ゲリラ地区の女性も燼滅掃蕩作戦の対象とされたので、「どうせ殺すのだからなにをしても構わない」とばかり、女性への強姦殺害が多発した。治安戦に従事した部隊は小部隊で広域に駐屯するという高度分散配置の方式をとったので、小部隊で村の女性を軍施設に連行して監禁し、長期に強姦するケースも多かった。また、日本側が「治安区」と称した日本軍の占領支配が比較的安定した都市などにおいては日本軍の管理下に「慰安所」施設がつくられ、多くの朝鮮人、中国人の女性が**「日本軍慰安婦」** βP.58すなわち性奴隷として犠牲にされた。

┃**11**┃**重慶無差別爆撃**──現代空爆戦争の先駆け

日本は、1941年夏の段階で、「満州国」の関東軍を除いて約85万人にものぼる日本軍を中国大陸に投入していたが、中国における後方戦場の拡大強化により、正面戦場における戦果も減殺された。武漢占領後、陸軍は陸軍航空兵団、海軍は海軍航空隊の基地をそれぞれ建設した。地上戦における国民政府軍

の潰滅作戦にことごとく失敗、行き詰まった日本軍は、重慶の都市と住民を標的にした無差別爆撃をおこない、重慶国民政府の屈服を迫るという本格的な戦略爆撃を1939年から開始した。陸軍航空兵団も参加したが、主力は海軍航空隊であった。海軍の連合空襲部隊と陸軍第3飛行集団の一時協同により1940年5月から3ヵ月にわたり重慶大爆撃の百一号作戦が実行された。日本海軍航空隊は全攻撃兵力を漢口に集中し、重慶政府の崩壊を企図した。漢口に中攻機130機が進出した。

それまで戦闘機の護衛なしでおこなった中攻機隊だけの爆撃は中国空軍戦闘機の迎撃により多くの被害を出していたが、1940年8月「敵地深く進入できる長い航続力をもち、速力、攻撃力も世界水準を抜く」という「零式艦上戦闘機」（零戦）* P.39 が初めて **「重慶爆撃」** ∂ P.60 に投入された。百一号作戦は熾烈をきわめ、海軍航空隊は「重慶定期便」と呼号して連日のように出撃、重慶市街をA、B、C、D、E地区と絨毯を敷き詰めたように区分して、各航空部隊がそれぞれの区域を担当してすきまなく爆弾を投下した。海軍航空隊はこれを「絨毯爆撃」と称した。さらに重慶市民に恐怖と恐慌心を与えることを企図して夜間空襲もおこなった。

しかし、熾烈な重慶爆撃によっても重慶政府と市民の抗戦意志を崩壊させることはできなかった。いっぽう重慶市民にたいする無差別爆撃の惨状は国際的な批判を呼び起こし、とくにアメリカにおいてはさまざまな中国支援団体が政府と協調しつつ、石油・屑鉄・機械などの対日軍需物資禁輸へ向けたはたらきかけをおこなった。

重慶爆撃

三光作戦・三光政策

　1940年8月から10月上旬にいたるまで2次にわたって展開された八路軍の「百団大戦」（八路軍の百余団が参加したことからの呼び名）で、甚大な被害を受けた日本の北支那方面軍は、主要な敵を国民政府軍から共産党軍へと転じ、さらに軍隊を相手にすることから民衆を相手にする作戦へ移し、反撃と報復のための大規模な「燼滅掃蕩作戦」を展開しました。「燼滅掃討作戦」とは、八路軍の根拠地を燃えかす同様になるまで徹底的に破壊して消滅をはかれ、という作戦であり、そのあまりの残虐さから、中国では、これらを、焼光（焼き尽くし）、殺光（殺し尽くし）、搶光（奪い尽くし）した「三光作戦」と呼んだのです（「光」は中国語で「何もなくなる」という意味）。

掃蕩作戦の中で
▶ 鈴木啓久歩兵団長の証言

　1942年4月、北支那方面軍直轄の第27師団第27歩兵団は、河北省遵化県魯家峪にたいして、日本軍と傀儡軍4千余人を動員して大規模な掃蕩作戦をおこなった。魯家峪の村にある鶏冠山という石灰岩の山中にできた洞窟に、八路軍が隠れていたのを発見し、洞窟に毒ガスを投げこみ、出てきた八路軍兵士100名を殺害した。

　さらに付近一帯の山を捜索して隠れていた農民を捕捉、連行して八路軍の所在を訊問、応答しない農民を刺殺、銃殺した。白昼下で12歳の少女を輪姦し、妊娠している女性を輪姦したあと腹を割いて胎児を銃剣でとりだすなどした。婦女の強姦は100名にも達した。戦火に巻きこまれるのを恐れ、魯家峪付近の山地に避難していた農民235名を惨殺、魯家峪部落約800戸を焼き尽くした。（中央档案館整理『日本侵華戦犯筆供』中国档案出版社・2005年）

人という人は皆殺しにせよ！ 家という家はすべて焼き払え！
▶ 小山一郎さん（北支派遣軍第59師団兵士）の証言

　私たちの部隊は1943年秋頃に山東省中央山岳地帯の沂水という街を中心に八路軍の根拠地を殲滅させる命令を受けました。第59師団総出の作戦でした。出発の際、部隊長から「これから行く地域は敵性地区である。人という人は皆殺しにせよ！ 家という家はすべて焼き払え！ 役に立ちそうな物資はすべて奪

え！ 二度と根拠地として使えないようにしろ！」という訓示でした。私たちは小銃の手入れに使うスピンドル油をボロ布に浸したタイマツを銘々に用意して、ある村を夕暮時から襲いました。

　……何千人でタイマツをもち、「突撃ー」「進めー」で日本兵がいっせいに火つけ競争したのです。粗末な藁葺きの農家は簡単にメラメラと燃え上がり、一晩中、それこそ競いあうように家々に放火して回りました。私だけでも 20 軒ほど放火したでしょうか。そんなある農家の裏の小さな物置小屋から、突然老婆が転がり出てきました。……老婆はこの物置小屋だけは放火しないでくれと両手で拝んで額を何度も地面にこすりつけて懇願するのです。でも命令です。さすがに一突きにはしませんでしたが、「えーっ、かわいそうだけど命令なんだ、これが戦争なんだ」と足蹴にしてその物置小屋にも火を放ちました。「アイヤー、アイヤー」という泣き声が追いかけてきます。そのとき、私はまさに鬼でした。侵略軍は、逃げ遅れた婦人がいれば強姦したり、戦友と一緒に輪姦したりして、その後で銃剣で刺し殺しました。「死人に口なし」です。（小山一郎著『一兵士の加害と反省の記・戦争証言「鬼から人間へ」』北区平和委員会・日本中国友好協会北支部編集・2007 年）

泥にまみれた靴で

▶ 湯口知正さん（特務機関員）の証言

　兵隊に「やれ」と。「お前らやれないのか」と。「この夫婦は、遊撃隊か連絡員かなんだ」と。「今ここで殺しておかんことには、今後どのようなことになるかも知らん。しかも、この一番安全な、保安も保たれている安全が保たれている、こういう地域内にも八路軍がもぐりこんで来てるんだから、油断も隙もないんだから、とにかくこれは殺せ」と。「ましてやこの子どもが成長した暁には、必ず我々に歯向かってくることは、火を見るよりも明らかなんだ」と。「今ここでこれを殺さんことには、後々のためにならんから殺せ」って言ったって、兵隊さん、銃も向けなきゃ銃剣も向けない。

　「ええい、殺すのはこうやって殺すんだ」と言って私は、赤ちゃんの、胸の上に、醜く、泥でまみれた靴で、……踏み殺しました。（ＤＶＤ『泥にまみれた靴で』日本中国友好協会企画・日本電波ニュース社制作・2007 年）

憲兵・土屋芳雄さんの戦争体験

　山形県上山で貧農の長男に生まれた土屋芳雄さんには、軍隊に入り出世して家族を楽にさせたいという強い思いがありました。また上等兵以上になって帰郷しなければ一人前と認められない風潮もあったと言います。

　20歳で現役徴集され関東軍独立守備隊に入隊、3ヵ月の初年兵教育の仕上げとして中国人捕虜の刺突を経験、その後、猛勉強して憲兵上等兵になった土屋さんは、上司から拷問の手ほどきを受けました。

▶ 証言

　……農民みたいなかちっとした人だったんだが、その人を捕まえてきて、調べてみろと。こりゃ馬賊だこりゃ匪賊だと、もう大物だという見方で。長い腰掛けに頭下にして寝せとくわけだ。タオルでも手拭いでもいいんだ、顔にやってね。上から水をつぐんだ、ジョーと。苦しいから息を吸うでしょ。ハッと吸うと空気が入る。空気が入ると胃の中に入っちゃう、水が。ジャージャーとひっきりなしに上から注ぐわけだ。肺に入ったらだめなんだ。それはへたくそなんで、殺しちまうから。だから肺に入れんまいとして、ものすごく苦しむんだ。すると腹ふくれてくるから、上がれって言われて、2人で腹の上に上がってギュッと押すんだわね。ウワーッと水が出て食べた物もみんな出ちまって、そしてまた手拭いかぶせて飲ます。毎日毎日それをやる。今日はこれっくらいにしないと死んじまうというギリギリの線までやる。いくらやったって吐かねえですよ彼らは。言っても殺される、憲兵に捕まったんだからね。言わなくても殺されるんだから、言わねえ方がいいってわけで、決して言わねえ。あるいは何もやってねえんだかも知らないけれども、こちらの習慣としては、こいつは大物だ、言わねえから大物だととっちまうわけだ。

　土屋さんはチチハル憲兵隊で12年間勤務、「拷問の魔王」「特高の神様」とまで恐れられる存在になりました。戦後、収監された中国の撫順戦犯管理所での人道的扱いに心を洗われ、罪を告白しました。

▶ 証言

　……中国の人たちを 328 人を殺しました。1917 人の人たちを逮捕し、これを拷問し、監獄に送ったり、そしていじめました。……書いた後で真っ青になりましたよ、こりゃーもう終わりだと。自分の憲兵した経験から言っても、ここまで書いた以上はもう助かる道はないんだということが分かって。もう夜なんか寝られないですよ、ソワソワして。

　中国での裁判で起訴免除になって帰国、その後は地元の山形で「平和のための戦争展」や証言集会を積極的に開催、1990 年には訪中して自分が弾圧したスパイ事件の遺族にも面会して謝罪しました。

　土屋さんは戦前の自分を振り返って次のように語っています。

▶ 証言

　……軍国主義者に完全にさせられたわけだ。軍隊に行く前には青年訓練所で 3 年間教育されて、人殺しの練習をちゃんと体に身につけさせられてましたよ。軍隊に行けば 1 から 10 まで天皇の軍隊として、まず死ぬことが最高の道徳であるということで。

1911 年生まれ。関東軍独立守備隊に入隊。戦後、撫順戦犯管理所で、罪を告白。2001 年逝去（90 歳）。

　人間の命ほど大事なものは、この世の中にないなどと、そういうことをひとこと教えてくれたならば、生命の尊厳というものを教えてくれる先生がおったならば、俺だって反省したかもしれん。拷問などしなかったかも。共産党が悪いとか、中国の愛国者を殺すことはしなかったかもしれん。誰か、誰でもいい、先生でなくても親でも誰でもいい、誰も 1 人も教えてくれる人いなかったんだ。（証言はビデオ「証言──侵略戦争～人間から鬼へ、そして人間へ」・日本中国友好協会企画・日本電波ニュース社制作・1991 年）

日本軍慰安婦・性奴隷

アジア太平洋戦争中、「慰安所」といわれた戦地の施設で日本軍人のために性的な虐待を受けた女性たち。中国では 1932 年上海に設置されたのが最初といわれていますが、37 年の中国への全面侵略戦争以降急増。軍が直接管理するもの、民間業者によるものなどがありました。「慰安婦」の多くは強制的に集められた中国や朝鮮の女性でした。

軍が直接関与した
▶ 鈴木卓四郎さん（憲兵）の証言

昭和 15 年の 8 月の中旬か末頃ではなかったか、南寧憲兵隊附を命ぜられ、五師団麾下の楠本旅団に配属され……「軍では慰安所を開設したから事故の起こらぬように」十分監視するようにと、旅団司令部の高級副官から指示が出た。……憲兵と慰安所の関係はどんなものかと深く考えることもなく、命令通り 1 日に 1 回位は巡察することにした。（鈴木卓四郎著『憲兵下士官』新人物往来社・1974 年）

拉致され性奴隷にされた
▶ 李秀梅さんの証言

（撮影・大谷猛夫）

1927 年（推定）、山西省西藩郷李庄村生まれ。1942 年 15 歳の時、日本兵に拉致され、5 ヵ月間監禁・強姦されました。

私は両手を結わえられてロバに乗せられました。両側は兵士に固められて、進圭村というところにある日本軍の駐屯地まで運ばれました。監禁された場所は、この地方によくある石洞の 1 つでした。……私が連れてこられた時、そこには 2 人の女性がいました。石洞の中には便器用の桶があるだけで何にもないところでした。入り口には鍵がかけられ、中国人の番人がいました。この石洞から出られたのは、排泄物を捨てにいく場合ぐらいで、そのまわりの様子はよくわかりません。監禁されてから、4、5 日後、赤ら顔の「ロバ隊長」と呼ばれていた日本兵が入ってきました。この隊長はまず 2 人の女性のうち 1 人を強姦し、続いて私を強姦しました。その日から、戦闘に出かける日以外は、毎日、日本兵がやってきて私たち 3 人を強姦しました。3 人の日本兵

がやってきて、私たち3人を同時に強姦することもありました。……強姦は生理日でもかまわずおこなわれました。私は多い時には、日に10人、少ない時でも2、3人に強姦されました。私たちが抵抗すると日本兵は暴行を加えました。……強姦が続いて体が痛いときはズボンをはくこともできませんでした。私たちは5ヵ月間強姦されるだけの日々を送ったのです。（1996年7月21日の証言。大谷猛夫著『日本の戦争加害がつぐなわれないのはなぜ？』合同出版・2015年）

▶ 村瀬守保さん（自動車中隊兵士）の証言

　慰安所の前で兵士たちは、そろそろ俺の番が来るぞと胸をときめかせて待ちました。第六慰安所「桜楼」には池田龍兵站司令官名の「登楼者心得」が貼り出され、「サックは必ず使用し後は洗浄すべし」などの注意書きがありました。兵士たちの相手をさせられた「慰安婦」といわれる女性のほとんどは朝鮮人女性で、だまされて連れてこられたか、あるいは強制的に連行されたといわれます。戦局が進むにつれて、多くは屋根のないトラックで荷物同様に前線に運ばれていました。兵站軍司令部の定めた慰安所の規定は、①慰安所外出証を所持すること、②入場券は下士官、兵、軍属は2円とする、③入場券に指定された部屋に入ること、④但し時間は30分とする、⑤用済みの際は直ちに退去する。

　軍直属の慰安所にあきたらない兵隊は、裏町の私設慰安所を訪れます。不潔に満ちたあばら家の路地には、戦争で生きる術を失った女性たちが子どもたちや家族を養うために、日本軍の兵隊を相手にしていました。（『私の従軍中国戦線─村瀬守保写真集　一兵士が写した戦場の記録』日本機関紙出版センター・1987年。村瀬さんは中国戦線に従軍。写真撮影が趣味で、中隊で半ば公認され、多くの写真を撮った）

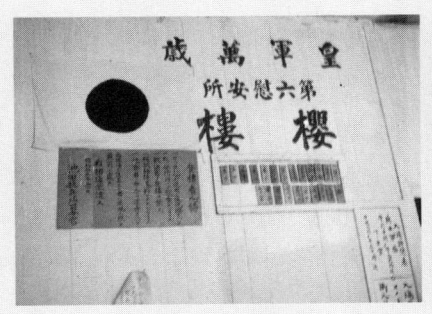
第六慰安所「桜楼」

「慰安所」の前で順番を待つ日本兵

（撮影・村瀬守保。左右とも）

重慶爆撃

　南京が日本軍に占領され、重慶に臨時首都を移すと日本軍は、1938 年 12 月から 43 年 8 月まで、重慶と周辺に爆撃を繰り返しました。特に集中的な攻撃が実施されたのは 1939 年から 41 年です。中国側のまとめでは空爆は 218 回に及び、爆撃による直接の死者だけで 1 万 1000 人を超えています。

　無差別爆撃は 1937 年 4 月 26 日にドイツ空軍が実行したゲルニカ爆撃が最初とされますが、重慶爆撃は集中期だけでも 2 年半という長期におよぶ、けた違いの連続無差別爆撃でした。無差別爆撃はその後アメリカ軍が日本の各都市にたいしておこなったこともあって、戦後の極東軍事裁判では七三一部隊とならび、日本の加害行為として追及されることがありませんでした。

防空壕の入り口にたくさんの死体
▶ 被害者で原告の万泰全さんの証言

　私は重慶大爆撃被害者の万泰全で、竹細工の元職人です。父は私が小さい時になくなり、私と母で暮らしていました。

　1940 年 6 月 24 日、私は母と一緒に河の岸辺で雑貨を売っていました。正午頃に空襲警報が鳴りました。日本の飛行機がやってきて、私たちは防空壕の中に入ろうとしましたが、防空壕は人が一杯で中に入ることができませんでした。この時、機銃掃射の音が聞こえ、ついで爆弾が投下され、私は人事不省になり、

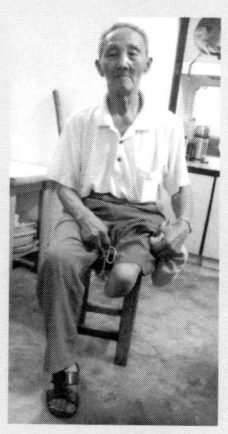

昏倒しました。気がついたとき、防空壕の入り口にたくさんの死体があるのを見ました。母は私を死体の山から引っぱり出しましたが、私の左足はすでにちぎれていたのです。その晩の 12 時に手術を受けましたが、私の左足は大腿部から切断され、2 ヵ月治療を受けてようやく退院できました。

　私はわずか 8 歳で左足を失ってしまいました。母は私を世話しなければならず、日用雑貨店も経営できなくなり、私を連れて手間賃稼ぎの雑用をするしかありませんでした。現在でも左足に痙攣が起きるなど痛みに耐え難く、夜も眠れず、高カルシウム薬を常時飲んでいます。

（撮影・鈴木賢士）

（2006 年 10 月 25 日の東京地裁での意見陳述）

国府の狼狽、民心の動揺その極に

▶ 大本営海軍報道部長・金沢正夫少将（1939年5月6日に発表した談話）

　我が海軍航空部隊が去る三、四日の両日に亘り矢継早に決行した重慶大爆撃によって、国府の狼狽、民心の動揺その極に達し、蒋が武漢喪失後牙城と頼んだ首都重慶も最早存続不可能となり又しても蒋介石の都落ちが取沙汰されている。落行く先は四川省城成都に決定したと伝えられ、尚一部機関を昆明と叙州〔ママ〕に分散するとも伝えられている。成都まで落ち延びたところで、此処は重慶から直距離僅かに二百キロ余、奥地とは地上の人間の気休めに過ぎず、我が海軍航空の能力から見れば重慶と何ら選ぶところがない。我が空襲回避を目的とするのならば全然意義をなさないのである。今となっては成都に限らず何処へ遁入して見たところで我が海軍航空隊の優秀なる爆撃機隊の能力を考えて見れば判る筈である。最早如何にしても我が空襲は免れようがなく、四百余州広しと雖も蒋の身を置くべきところなしという実情である。（1939年5月7日「朝日新聞」）

息子を返せと叫ぶ

▶ 朱星学さん（フォトジャーナリスト鈴木賢士さんの聞き取り）

　朱星学さん（93歳）はヒザ上から切断された右足を厚い布でくるみ、尾てい骨が損傷して普通に座ることができない左足も、しっかり布をかぶせてベッドに横たわっていました。顔をゆがめているのは、絶え間ない頭痛が原因です。声をかけると、かなり調子が悪そうで、口をきくのもおっくうのようでした。

　1939年5月3日、朱さんが23歳の時の重慶大爆撃で被害にあいました。警報が鳴り響く中を、3歳の息子を背負って避難民の流れに押されていきました。防空洞はいっぱいで、入り口に押しこまれ、息子をひざに置いて座ったのです。突然、爆撃が激しくなり、爆弾でひざの息子は殺され、本人も重症を負いました。朱さんは気絶し、15日後に気がついたということです。

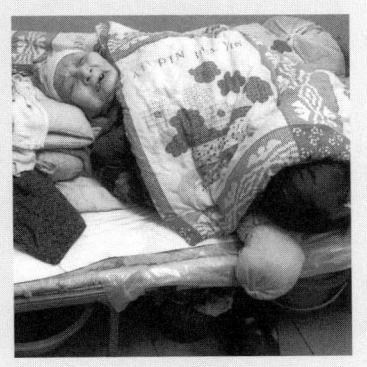

　この30年間くらい、ほとんど寝たきりの状態で、時おり「息子を返せ」と叫ぶそうです。（『日中友好新聞』2009年4月15日付「重慶大爆撃の生き証人たち③」）

(撮影・鈴木賢士)

｜12｜ 日中戦争からアジア太平洋戦争開戦へ

　ノモンハン戦争を強硬に作戦指導した関東軍参謀の服部卓四郎と辻政信は、いったん他の職に転じたが、まもなく服部は参謀本部作戦課長、辻は作戦班長に栄転した。ノモンハン戦争でソ連の機械化部隊の圧倒的な戦力をみせつけられた２人は、北進論から南進論へ転向、アジア太平洋戦争開戦へ向けて参謀本部を積極的にリードしていくことになった。ノモンハン戦争は対ソ戦争から対米英戦争（アジア太平洋戦争）への１つのしかし大きな転換点（turning point）となった。

　ヨーロッパにおけるドイツ軍の電撃的勝利は、日中戦争に行き詰まっていた日本社会に大きな衝撃と興奮を呼び起こした。新情勢の到来によって、宗主国の敗滅した仏印（ベトナム）や蘭印（インドネシア）さらにはドイツの攻撃にさらされているイギリスの植民地（香港、マレー半島、ビルマ）に進出して資源、とくに蘭印の石油を手に入れる絶好の機会が到来したと軍部も政府、世論も色めき立った。ナチスドイツのような強力な「新体制」を構築する必要があると近衛文麿は第２次近衛内閣を組閣、1940年８月１日、ドイツの「ヨーロッパ新秩序」に呼応して東南アジア、南洋諸島もふくめた「大東亜新秩序」*を確立するという「基本国策要綱」を発表した。以後「大東亜新秩序の建設」「大東亜共栄圏の確立」は「八紘一宇」*のスローガンとともに、日本の朝野に南進気運をひろめていった。

「八紘一宇」の塔（宮崎県）
（写真提供・「八紘一宇」の塔を考える会）

　ノモンハン戦争の責任をとって陸軍参謀本部の首脳が更迭された後の第1（作戦）部長となった富永恭次は、ノモンハン戦争の惨敗で頓挫した陸軍の北進論を南進論に転換させた。富永は自らハノイに乗りこみ、参謀本部の制止を無視して南支那軍をハイフォンから上陸させ、1940年9月26日北部仏印武力進駐を終了した。これに対抗してアメリカ政府は同日対日屑鉄輸出の全面禁止の断行に踏み切ったので、日本は日米開戦への決定的第一歩を踏みこんだ。さらに近衛内閣は松岡洋右外相が積極的に動いて、9月27日日独伊三国軍事同盟を締結、いわゆる枢軸国陣営を形成して、アメリカやイギリスに敵対する立場を明確にした。

　松岡洋右外相はさらに、1941年4月13日に日ソ中立条約を結んだ（有効期間5年間）。ソ連は独ソ戦準備のため、日本は南進政策を進めるためであった。いっぽうドイツは6月22日、独ソ不可侵条約をいっぽう的に破ってソ連に侵攻、独ソ戦が開始された。これにたいして日本は、7月2日の大本営御前会議において「情勢の推移に伴う帝国国策要綱」を決定、まず仏印および泰に進出、さらに南方進出の態勢を強化し、対英米戦を辞せずとした。対ソ戦については、日ソ中立条約を結んだばかりなのにもかかわらず、独ソ戦の推移が日本にとってきわめて有利に進展すれば武力を行使して北方問題を解決するとした。このため北進と南進の双方を準備することになった。

　日本は日ソ中立条約を締結している手前「関東軍特種演習（関特演）＊」の

＊**大東亜新秩序**　日本を盟主として東亜（東アジア）の国々がともに繁栄すべきだという名のもとに中国や東南アジアを侵略、確保することを目的につくりだした「大東亜共栄圏」を築くために1940年、「大東亜新秩序」の建設としてかかげられ、敗戦までつかわれた。

＊**八紘一宇**　アジア太平洋戦争期に用いられた日本の対外膨張を正当化するためのスローガン。全世界（八紘）を天皇の支配のもとに一つの家（一宇）にしようという意味。

＊**関東軍特種演習**　日本軍が実施した対ソビエト連邦作戦準備。略称は関特演。1941年6月22日に独ソ戦が開始されると、7月2日の御前会議は『情勢の推移に伴う帝国国策要綱』を採択し、独ソ戦が有利に進展したら武力を行使して北方問題を解決するとの方針を決定した。これにもとづいて7月7日に関特演の大動員令が下り、第1次動員として13日に内地から約300の各部隊を動員、16日には第2次動員として14個師団基幹の在満州・朝鮮部隊を戦時定員に充足かつ内地より2個師団を動員、北満に74万以上の膨大な兵力と資材が集積された。関東軍は2万名の朝鮮人慰安婦を集めようとし、朝鮮総督府に依頼して、8000人の慰安婦を集めて中国東北に送った。

秘匿名で「密かに対ソ戦準備」を実施した。7月7日、日本陸軍創設以来空前の85万人26個師団基幹態勢を整える大動員が下令され、7月13日から大部隊が満州北部のソ連との国境付近に集中輸送された。しかし、8月初旬をすぎても日本軍が期待したように、ソ連がドイツ軍によって崩壊する「好機」は到来しなかった。大本営陸軍部は8月9日、年内の対ソ戦開戦を断念、「11月末を目途とする対南方戦準備の促進」という対米英開戦準備の方針を決定した。「関特演」が陸軍主導でおこなわれたのにたいし「南部仏印進駐」は海軍の主導でおこなわれた。

　1941年7月25日、陸海軍協同の大部隊が海南島の三亜港を出港、8月4日に南部仏印進駐は終了した。南部仏印進駐の結果海軍はベトナム南部に航空基地8ヵ所、海軍基地2ヵ所の使用、陸軍は部隊の訓練と行動の自由を認めさせた。アジア太平洋戦争開戦にそなえて南部仏印に開設された航空基地に進出した航空部隊は、アジア太平洋戦争開戦劈頭のマレー方面の空爆作戦を担当した。南部仏印進駐に対抗してアメリカ政府は、7月25日、在米日本資産の凍結令を公布、8月1日対日石油全面輸出禁止を発動した。

　海軍航空隊は南部仏印進駐と同時期の1941年7月27日から8月31日まで、陸軍爆撃隊と協同で重慶爆撃の百二号作戦を敢行した。重慶市街を徹底的に破壊して重慶政府を降伏させるという目的の他に今回の作戦は、アジア太平洋戦争の開戦にそなえ、日米航空決戦の実戦演習という性格をもっていた。それは百数十機からなる零戦と中攻機を数ヵ所の基地から離陸させ、空中で大編隊を編成し、一糸乱れぬ指揮系統のもとに重慶爆撃を敢行するという訓練である。それは太平洋上の数隻の航空母艦や数ヵ所の陸上基地から飛び立った戦闘機や爆撃機が空中で大編隊を組むという高度な飛行技術の訓練であり、真珠湾攻撃やフィリピン攻撃を想定しての訓練であった。

　8月15日になると及川古四郎海相は各航空隊に10月15日まで各航空隊や各艦船部隊にたいしてアジア太平洋戦争開戦に向けた戦闘準備を発令した。百二号作戦は8月31日で終了となり、海軍航空隊の諸部隊は、アジア太平洋戦争開戦初日の奇襲攻撃作戦のための準備と猛訓練に入っていった。

　1941年7、8月の間は参謀本部内ではまだ北進派と南進派と日中戦争解決優先派の対立があったが、ノモンハン戦争をしかけた服部卓四郎が作戦課長、辻政信が作戦課兵站班長に就任、彼らはノモンハン戦争惨敗の反動として積極

的な対米英開戦論者となり、参謀本部内を対米英開戦論にまとめるために積極的に動いた。

　1941年9月6日の大本営御前会議において「帝国国策遂行要綱」を決定、「帝国は自存自衛を全うする為、対米（英蘭）戦争を辞せざる決意の下に概ね10月下旬を目途として戦争準備を完成す」と、アジア太平洋戦争の開戦を決定した。山本五十六連合艦隊司令長官は御前会議で開戦を決定したのち「艦隊としては、零戦、中攻各1000機ほしいが、現在零戦は300機しかない、しかしこれでもやれぬことはない」と述べた。日中戦争や1940年以降の「南洋行動」で十分な訓練をつんだ海軍航空隊の戦力への自信がうかがわれる。零戦の生産は12月末には550機を超えた。

　第2次近衛内閣は10月16日に総辞職し、2日後に対米英強硬派による東条英機内閣が成立、12月8日のアジア太平洋戦争開戦へと日本は突き進んだ。

| **13** | アジア太平洋戦争の総兵站基地化とその破綻

　1941年12月8日、日本はアメリカ・イギリス・カナダ・オーストラリアに宣戦布告した。同日アメリカ・イギリスも対日宣戦布告し、9日中国国民政府は正式に日本・ドイツ・イタリアに宣戦布告し、11日ドイツ・イタリアがアメリカに宣戦布告した。そして東条内閣は「支那事変を含めて大東亜戦争と呼称する」と発表した。大東亜戦争は本書にいうアジア太平洋戦争と同じである。世界大戦の一環となったので、中国は連合国26カ国の一員となり、日中戦争は日米戦争を中心とするアジア太平洋戦争に包摂された。日中戦争の戦場は、アジア太平洋戦争の「中国戦区」に設定され蒋介石が総司令官に就き、アメリカ陸軍随一の中国通として知られたスティルウェルが、中国・ビルマ・インド戦区米軍司令官・連合軍中国戦区参謀長・アメリカ軍駐華軍事代表として中国に派遣された。連合国が中国にたいして単独降伏・単独講和をせざるをえない戦況はつくらせないことが保障されたので、中国が抗日戦争に敗北、降伏することはなくなり、日本が日中戦争に勝利することはなくなった。

　ただし、米英両国はドイツ軍を敗退させるための「ヨーロッパ第一主義」の戦略を堅持したので、中国は一定の期間困難な戦闘を負担しつづけることになった。

日本はアジア太平洋戦争のため中国戦場から大兵力を南方に抽出したために、これまでの国民政府を潰滅させようという大作戦は断念し、代わって日本軍がアジア太平洋戦争を戦うための食料、資源、労働力などを収奪して供出させる総兵站基地の役割を中国に課した。華北における治安戦は、大東亜戦争の兵力培養補給の重要な支えとなり、食料・資源・労働力の安定供給のために、安定した占領統治地域を拡大することが目的とされた。そのため日本軍は共産党・八路軍の抗日根拠地にたいしてかつてない大規模な燼滅掃蕩作戦（治安戦）、すなわち「三光作戦」を繰りひろげた。

　さらに日本国内の鉱山や土木工事、軍事施設の建設などの労働力不足を補うために、国策として「**中国人強制連行**」 ∂ P.70 がおこなわれるようになった。そのため、日本軍部隊が抗日根拠地や抗日ゲリラ地区の村落を包囲襲撃して、村の広場に男子を連行し、商社が用意したトラックに乗せて、集中営に集めたのち、日本や日本の占領地などへ連行し、強制労働に従事させた。

　中国の総兵站基地化により日本軍の占領地に樹立させた傀儡政権下の農村、農民からも米・小麦・綿花などの食糧や資源を「収買」の名目で収奪・略奪した。日本の植民地とされた「満州国」はアジア太平洋戦争の総兵站基地化の役割を強制された結果、満州植民地経済そのものが破綻した。1943 年後半期から関東軍は精鋭基幹部隊をほとんど南方や中国戦場に抽出して「空洞化」し、大本営陸軍部は以後の対ソ戦攻勢作戦を断念した。

　1942 年 4 月 18 日、アメリカ航空母艦から発進した B 25 爆撃機（ドゥーリトル隊）16 機が東京から横浜、神戸など日本列島を縦断して主要都市を爆撃して中国大陸の方向へ飛び去った。米軍機による本土初空襲はアジア太平洋戦争の緒戦の勝利に沸き立っていた日本に冷水を浴びせた。政府と軍部の受けた衝撃は大きく、以後日中戦争の性格が大きく転換し、米軍機の日本本土空襲を防衛するための戦争となった。1937 年 8 月に南京・上海・杭州など中国の主要都市への渡洋爆撃で日中全面戦争を開始した日本と中国の立場はここにいたり逆転したのである。

　大本営は中国の空軍基地から B 25 爆撃隊が日本本土を連続して空襲することを恐れ、ドゥーリトル隊が着陸を予定していた浙江省の飛行場をはじめ、浙贛線（杭州〜南昌）沿線の飛行場を破壊する目的で 4 月 30 日、支那派遣軍約 18 万を動員して浙贛作戦を命じた。同作戦は浙江省の中国空軍飛行場を破壊

して9月末に終わった。同作戦で日本軍は毒ガス兵器を大規模に使用した。日中戦争は日本軍の歩兵部隊が徒歩で米軍機を追いかけて飛行場を攻撃、破壊するという勝算のない戦闘となった。

いっぽう、当時においても日本軍の住民虐殺は継続され、湖南省北部の廠窖では、1943年5月9日から11日にわたり3万余人が虐殺された「**廠窖大虐殺事件**」^{∂P.72} が発生している。

廠窖惨案遇難同胞紀念碑
（写真提供・日本中国友好協会兵庫県連合会）

1943年11月25日、中国の江西省の飛行場を発進した米軍機B25・P38の計15機が台湾の飛行場を空襲した。完成が近いとされた新型超重爆撃機B29が出現すれば、日本軍が侵攻していない中国南西部の飛行場からも日本本土爆撃が可能となる。それを阻止しようと中国大陸のアメリカ軍飛行場の覆滅と中国大陸を南北に縦断してベトナム半島を経由して南方への輸送路を確保するという目的で大陸打通作戦が1944年4月から45年2月まで実施された。作戦の作案者は参謀本部作戦課長の服部卓四郎だった。支那派遣軍の約8割にあたる約51万人が動員されて、中国大陸を縦貫すること1500キロ、国民政府軍約100万を撃破しながら徒歩で南下、日中戦争における最大規模の作戦であった。しかし、食糧の補給は途絶してほとんどの部隊が食糧を現地住民からの略奪にたよった。長期にわたった作戦のなかで、ほとんど全員が食糧不足に苦しみ、栄養失調のために体力が減退して、疫痢・マラリア・脚気などにより多くが戦病死していった。どの部隊も戦病死者が戦闘による死者を上回った。

いっぽう、1944年7月にサイパンが陥落してアメリカ軍はサイパン・テニアン・グアムにB29爆撃機の基地を建設、同基地を出撃したB29の大編隊が直接日本本土を空襲するようになった。このため、大陸打通作戦そのものが戦略的に意味のないものとなった。

| 14 | 日中戦争に敗れた日本

1945年4月、沖縄戦が開始されると支那派遣軍の指揮官や軍備もふくめて多くの人材が日本本土防衛戦態勢の構築のため日本へ配置換えとなった。ついで大本営陸軍部は米軍の中国上陸地点を予想して、支那派遣軍を広東・香港、上海・南京・杭州、山東半島の東部沿岸地帯に兵力を集中して陣地構築を急がせた。

大本営陸軍部は朝鮮半島北部を対ソ戦の最後の決戦場と位置づけ、1945年5月になると関東軍総司令官にソ連の対日参戦に備えて北朝鮮の防備態勢を固めることを下令した。しかし、このことは満州開拓移民や「満州国」の日本人には秘匿された。8月8日に宣戦布告して満州に侵攻したソ連軍による満州開拓移民団や日本人居留民の悲劇はこのために発生した。

大陸打通作戦のため抗日根拠地の掃蕩作戦に北支那方面軍の大兵力が長期にわたり動員されたうえ、米軍の中国大陸上陸に備えて日本軍の大軍を西部から東部へ移動させたので、華北や華中の広域において日本軍の占領統治力は激減した。さらにアジア太平洋戦争の総兵站基地として華北から食糧・農産物・資源を強制的に徴発したことなどにより、華北一帯の中国農民の日本軍の侵略・略奪行為への怒りが抗日意識として頂点に達していた。これらのことが、共産党・八路軍が民衆を奮起させて抗日闘争へ決起させ、抗日武装勢力に組織することを容易にした。1945年7月には八路軍と新四軍は正規軍91万人、民兵（ゲリラ兵）220万余を擁し、華北を中心に全中国に19の抗日根拠地を建設し、解放区の総人口は1億人近くにまで拡大した。8月に入って、毛沢東、中国共産党は「大反攻」を指令、共産党軍は日本軍、傀儡軍*にたいして猛烈な全面反攻を展開した。共産党・八路軍が華北の抗日根拠地政権を拡大しながら展開した大反攻作戦によって、共産党は華北全域に権力基盤を拡大、抗日戦争後の国共内戦において、共産党が国民党に勝利する絶対的な条件を構築した。

＊傀儡軍　日本軍は中国の占領地で、日本に協力的な中国人を擁して幾つもの地方政権を樹立させ（傀儡政権）、治安維持や物資補給などで日本軍に協力させた。この目的で組織された中国人による軍隊をさす。傀儡軍の兵士は日本軍に寝返った軍閥兵士、投降兵らを組織したが、保身のための協力であったりして、概して士気は高くなかった。

　1945 年 8 月 15 日、前日のポツダム宣言受諾の御前会議にもとづき、天皇が「玉音放送」による「終戦の詔書」を発表、アジア太平洋戦争は日本の敗戦で終結した。9 月 2 日東京湾に停泊するミズーリー号艦上で日本の連合国にたいする降伏文書の調印式がおこなわれた。9 月 9 日、南京において支那派遣軍の国民政府軍にたいする降伏調印式がおこなわれ、以後、9 月中旬から 1 ヵ月にわたり、南京・上海・天津・北京・杭州・済南・青島・鄭州・漢口・武昌・九江・長沙・広東などの各地区の日本軍の部隊は各地区ごとに降伏文書に調印し、武器を引き渡した。満州事変から 14 年、盧溝橋事件から 8 年におよんだ日本の中国侵略戦争は日本軍の公式な降伏によって終幕をむかえた。

　日本人のなかには、日本は先の戦争でアメリカに敗れたという意識が強いが、中国大陸において日本軍は、中国軍（国民党軍と共産党軍）に敗れたという歴史の事実を厳粛に受け止める必要があろう。

中国人強制連行・強制労働

　アジア太平洋戦争開始にともなう深刻な労働力不足にたいし 1942 年、東条内閣は「華人労務者内地移入ニ関スル件」を閣議決定、1943 年 4 月から 45 年 5 月までに 3 万 8939 名の中国人が日本に連行され、日本各地の 35 社 135 の事業所に配分されました。劣悪な労働環境や虐待により 6834 名が死亡し、障害を負った労働者も多数におよびました。

　日本各地への強制連行の以前に中国国内で桁違いの強制連行・強制労働が行われ、「満州国」の鉱山などで強制労働させられた中国人は 1640 万人、華北地方では 2000 万人以上、それ以外に、華北から華北以外の地へ強制連行された中国人が 1000 万人にのぼります。飢えと過労、病気や事故も重なり膨大な数の中国人が犠牲になりました。そして、この犠牲者の遺体が捨てられた「万人坑」が中国各地に残されています。

労工狩り作戦
▶ 強制連行した矢崎新二さん（北支派遣軍第 59 師団兵士）の証言

　17 歳から 45 歳までの男性は全部逮捕して断髪の女性は逮捕すべし、逃げるもの、反抗するものは射殺すべしという命令でした。該当するようなものはみんな捕まえます。そして 1 日か 2 日くらい、数珠つなぎにして歩かせて、要所要所でトラックに乗せて青島へ送って、青島から汽車で天津へ送りました。

　その作戦の中で私はある部落の前で、35、6 歳の男性、お百姓さんを見つけましたので、いきなり張り倒しました。するとそのお百姓さんは地べたに頭をつけながら「私は百姓です。何も悪いことはしていません」と言い、「とにかく来い！」と言って殴ったり蹴ったりしても動こうとしません。突然の表の大きな騒ぎ声に気がついたのか、家の中から奥さんらしき人が飛び出してきました。そして 2 人は一生懸命地べたに頭をすりつけながら、「私たちは何も悪いことはしていません。農民です」と言うのですが、「とにかく来い！」と連れて行こうとしました。すると奥さんが家の中に飛びこみ、すぐ出てきたときには何かをもってきたわけです。そして、今連れ去られようとするご主人の腰ひもに布靴と白い布を結びつけようとしました。私はそれをいきなりふんだくって地べたにはたきつけて、「貴様、皇軍の前でいちゃいちゃしやがって！」と言って、それをふんずけて、そして連れ去りました。白い布に入っていたのはコーリャンの粉を薄く焼いた食料でした。（1992 年に横浜盲学校で語った証言）

逃亡生活 13 年
▶ 劉連仁さんの証言

仕事は石炭の掘削と運搬でした。朝暗いうちから炭坑に入り、出てくるのは夕方暗くなってからです。太陽の光を見ることはめったにありませんでした。時計がないのでよくわかりませんが、1 日 12 時間は働いたと思います。ぐずぐずしていたりすると日本人の監督にこっぴどくひっぱたかれたり、スコップで殴られたりします。休日はなく、休憩もわずか 10 分程度です。その間に饅頭 1 個が配られ「食え」と言われておしまいです。多くの人が衰弱したり、殴られたりして殺されました。1945 年 7 月末のある日、日本人の監督に殴ら

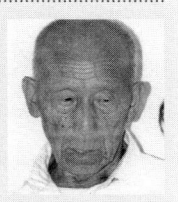

（写真提供・中国
人戦争被害者の要
求を支える会）

れもみあいになりました。日本人監督が助っ人を呼びにいっているすきにここから逃げ出しました。仲間 4 人と一緒でした。そこから逃亡生活がはじまりました。このときはまだ夏だったので食べるものは何とかさがすことができました。どこへ逃げてよいかもわからず、逃げ続けました。見つかったら殺されるという思いでいっぱいでした。そのうちに仲間とはぐれ、最後は 1 人ぼっちになりました。冬になると北海道の山のなかは豪雪になります。食べるものもないので、雪のなかに穴を堀り、熊のようにじっとしていました。春になっても体がすぐには動かず少しずつ移動していました。13 年間（もちろんカレンダーがないので時間はわかりません）もの間、北海道の山のなかを逃げていました……。(1997 年 3 月 7 日、東京での証言。大谷猛夫著『日本の戦争加害がつぐなわれないのはなぜ?』合同出版・2015 年)

室蘭で石炭荷役を
▶ 強制連行された趙冠英さんの証言

鉄工室蘭では 4 ヵ月ほど石炭荷役をさせられましたが、この間に127 人もの仲間が死にました。その大部分は餓死と凍死、そして指導員たちの虐待による死でした。疲れ果てて収容所に帰り、板の間でゴロ寝をしてボソボソ話しているうちに、1 人が急に頭をガクッ

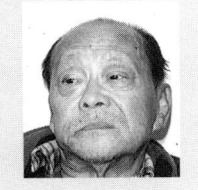

と垂れてしまう。もう死んでいるんです。私の友人で康亜亭（名簿上は康継亭、40 歳）という影絵の人形芝居師だった人もそうでした。私の目の前で、たったいま話していた人が、そんなふうに死んでしまうんです。ひと晩のうちに何人も死ぬんです。死んだ仲間の服を脱がせて、みんなで分配しました。耐えられない寒さでしたから……。(ビデオ「証言——中国人強制連行」・日本中国友好協会企画・日本電波ニュース社制作・1995 年)

廠窖大虐殺事件
<small>しょうこう</small>

　1943年5月、中国を侵略していた支那派遣軍第11軍（司令官・横山勇中将）は江北殲滅作戦（同年2月〜3月）につづき、江南殲滅作戦を開始しました。作戦の目的は、揚子江（長江）の輸送力強化のため宜昌付近の合計1万数千トンの船舶を下航させ、揚子江右岸地域（湖南省北部一帯）の中国国民党・野戦軍を撃滅すること（防衛庁防衛研修所戦史室著、江南殲滅作戦）。1943年5月初旬〜6月中旬におこなわれた作戦です。

　大虐殺は作戦の第1期（5月5日〜11日）に起こったと言われています。第1期作戦には戸田・小柴・針谷の3支隊、独立混成第17旅団、第3師団が参戦し揚子江付近から南下、洞庭湖からは舟艇部隊が川を遡上、空から爆弾を投下、空・陸・湖の三方から攻撃、中国軍、住民は洞庭湖方面へと敗走、避難し日本軍により虐殺されています。中国側によると5月9日〜11日の3日間に南県廠窖周辺で中国軍敗残兵5000人、地元住民7000人、近郊からの避難民6000人、その他の地域からの避難民1万2000人のあわせて3万人余りが犠牲となりました。また負傷者は3千人余り、焼失家屋3千余、焼失した舟2500艘、暴行された女性は2000人以上と発表しています。この残虐な事件を知った地元報道機関・陣中日報、国民日報、力報、国民党政府中央社などの記者が1ヵ月後に現地を取材し惨状を報道しています。

戦況を伝える地元の中央日報

前後左右から死体が
▶ 陣中日報・袁琴心記者（1943年6月6日に現地を取材）
<small>えんきんしん</small>

　河の両岸に焼け焦げた舟が、まるで干し魚のようにならんでいて、見るに忍びなかった。河の中の死体は、舟が通れないほどだった。少し動くだけで、前後左右から死体が出てくる。腐乱したどろっとした肉は、舟の周りに貼りつく。埋められた死体は、数十人あるいは100人余りが1つの穴に埋められ、それはいたる所にあった。通りかかると臭気が漂い、骨が雨水に流され外に表れている、本当に悲惨だ。

この世のものとは思えない悲惨さ

▶ 国民日報の藍天記者（1943 年 6 月 26 日に現地を取材）

　廠窖大惨事は「揚州十日」[注] と同じように悲惨だ。数万人が殺され、いたる所に死体が転がり、河の水は赤く染まり、浮いてきた死体は河を塞ぎ、この世のものとは思われないほど悲惨であった。

（注）1645 年に起きた清軍の明軍に対する虐殺事件。

　5 月 9 日に村に入って来た日本兵につかまり、腹など数か所を銃剣で刺された地元住民の郭鹿萍さん（1925 年生まれ）は意識を失い、翌日の夕方に気がつき、畑まで這って行って身をかくし、そら豆の葉に溜まった水滴をなめて 2 日間じっと耐えて助けられました。

心の痛みは表現できない

▶ 郭鹿萍さんの証言（2014 年 4 月 2 日）

　当時は、河、池、家の周辺はどこも目の向く所は惨状ばかりで、70 年経った今でも目の前に浮かんできます。心の痛みは表現できません、今後戦争のないよう願います。（日本中国友好協会兵庫県連合会「平和の旅」での証言）

　全伯安さん（1927 年生まれ）は当時、事件を目撃しました。

尊い命が奪われた

▶ 全伯安さんの訴え（同上）

　日本はなぜ中国に侵略戦争を起こしたのか。なぜこんなひどいことをしたのか、事変以来、尊い命が奪われた。目の前で起こったことを日本はなぜ認めようとしないのか。

　湖南省南県廠窖鎮周辺であった「廠窖大虐殺」は日本ではほとんど知られていませんが、現地では毎年、廠窖惨案同胞紀念碑前で追悼集会が開催されています。また犠牲者の遺骨発掘作業は今も国家考古学者の人たちによりつづけられており、遺骨館建設が決定しています。

地表に現れた頭骨（写真提供・日本中国友好協会兵庫県連合会。前ページからの 3 枚全て）

年　表

1874	5 台湾出兵
1882	1 軍人勅諭発布
1890	10 教育勅語発布
1894	8 日清戦争（〜 1895）。85 年下関条約で台湾、澎湖列島を植民地に
1899	12 義和団事件（〜 1901）。北京議定書調印（1901.9）で日本など駐兵権
1904	2 日露戦争（〜 1905）。05 年、ポーツマス条約で旅順・大連の租借権、長春・旅順間の鉄道を得る
1910	8「日韓条約」調印。韓国を併合
1911	10 辛亥革命。翌 1912 年清国滅亡し中華民国成立
1914	7 第一次世界大戦（〜 1918）。日本、対独宣戦布告し参戦。19 年パリ講和会議
1915	1 日本、中国に対華二十一ヵ条要求。5 月 9 日、中国が受諾（国恥記念日）
1917	11 ロシア革命
1918	8 シベリア出兵（〜 1922）
1919	4 関東庁発足。関東軍成立
1920	1 国際連盟発足
1921	11 ワシントン海軍軍縮会議
1923	9 関東大震災。朝鮮人、中国人が虐殺される
1924	1 第 1 次国共合作
1925	4 治安維持法公布
1926	7 中国、北伐開始

1927	*4* 蒋介石、四・一二クーデター／ *5* 日本、第1次山東出兵・対支非干渉全国同盟結成
1928	*3* 三・一五事件。共産党弾圧／ *4* 日本、第2次山東出兵・済南事件・第3次山東出兵／ *6* 関東軍、張作霖を爆殺・治安維持法改悪。最高刑死刑に／ *8* パリ不戦条約
1929	*4* 四・一六事件。共産党員弾圧
1930	*4* ロンドン海軍軍縮会議
1931	*9* 柳条湖事件。以後、日本が中国東北部侵略・中国、柳条湖事件を国連に提訴／ *12* 若槻礼次郎内閣総辞職。犬養毅内閣成立
1932	*1* 天皇、関東軍の「果断迅速」を称賛・上海で日本人僧侶、謀略で殺傷される・第一次上海事変／ *3* 日本の傀儡国家「満州国」建国・溥儀、「満州国」執政に／ *5* 五・一五事件。犬養首相殺害／ *9* 日満議定書調印・平頂山事件／ *10* 満蒙開拓第1次武装移民492人渡満。35年弥栄村と命名
1933	*2* 日満軍、熱河省侵略／ *3* 日本、国際連盟脱退／ *5* 塘沽停戦協定成立・関東防疫部、ハルビン東南で研究開始（石井七三一部隊）
1934	*3* 満州国、帝政実施。溥儀を皇帝に／ *10* 長征開始。35年延安で陝北ソビエト政権樹立
1935	*6* 梅津何応欽協定。河北省に関する日本の要求承認／ *11* 冀東防共自治政府成立
1936	*1* 華北分離政策決定／ *2* 二・二六事件／ *4* 支那駐屯軍1771人から5774人に増強／ *6* 長距離爆撃機の九六式陸上攻撃機制式採用／ *8* 帝国国防方針、南北併進論に改定／ *9* 広東で日本人殺害される／ *11* 日独防共協定／ *12* 西安事件
1937	*7* 盧溝橋事件。中国への全面侵略へ／ *8* 上海で大山事件・第二次上海事変・「暴支膺懲」の帝国声明・陸軍の上海派遣・国民精神総動員実施要項決定／ *9* 中国、最高国防会議設立。主席蒋介石／南京空襲／第2次国共合作成立／ *11* 重慶遷都宣言・上海陥落／ *12* 南京攻略命令・パナイ号事件・南京占領。大虐殺。日本で提灯行列など祝賀行事

1938	1 第1次近衛声明「爾後国民政府を対手とせず」／4 徐州作戦・国家総動員法公布／5 徐州占領／7 張鼓峰事件／8 武漢攻略作戦／10 武漢全域を占領／広東占領／11 第2次近衛声明「東亜新秩序声明」／12 重慶爆撃開始。以後43年まで
1939	2 海南島占領／5 重慶爆撃（五三・五四大空襲）・ノモンハン戦争／7 ノモンハン戦争で細菌兵器使用・米、日米通商航海条約廃棄を通告
1940	3 汪精衛、南京国民政府を組織／8 近衛内閣、基本国策大綱で大東亜新秩序発表・関東軍防疫部を関東軍防疫給水部に改称・零式艦上戦闘機（零戦）はじめて重慶爆撃に投入・百団大戦（〜10月上旬）／9 北部仏印進駐・日独伊三国軍事同盟／10 大政翼賛会発会式
1941	4 日ソ中立条約／6 ドイツ、ソ連侵攻／7 大本営御前会議、対英米戦も辞せずと決定・関東軍特種演習。74万以上の兵がソ連国境に・米、在米日本資産の凍結令公布・重慶爆撃一〇二作戦敢行・南部仏印進駐／8 大西洋憲章発表／9 御前会議対米英開戦の方針決定／10 近衛内閣総辞職し東条英機内閣成立／12 日本陸軍マレー半島に上陸。日本海軍真珠湾等攻撃。日本、米英加濠に宣戦布告・中国、対日独伊宣戦布告
1942	4 米軍機、東京、横浜、神戸など爆撃・浙贛作戦
1942	11「華人労務者内地移入に関する件」閣議決定。翌年から日本へ中国人を強制連行
1943	5 廠窖大虐殺事件／11 大東亜会議／12 カイロ宣言
1944	4 日本、大陸打通作戦開始（〜45年2月）／7 サイパン陥落
1945	2 ヤルタ会談／3 東京大空襲・沖縄戦はじまる（〜6月）／5 ドイツ、無条件降伏・大本営陸軍部、ソ連の対日参戦に備え北朝鮮の防衛体制強化を下令／8 毛沢東、日本軍への大反攻指令・広島、長崎に原爆投下・ソ連対日参戦・日本、ポツダム宣言受諾。9月2日降伏文書調印

あとがき

　日本中国友好協会は、2017 年の盧溝橋事件 80 年・南京事件 80 年を期して、今回のテーマのブックレットを発行したいと検討してきました。しかし、諸般の事情から取り組みが遅れ、明治 150 年にあたる 2018 年の発行となりました。笠原十九司先生が本文で指摘されているように、日本は明治初期の台湾出兵に始まって 1945 年まで、富国強兵、侵略の歩みを続けてきました。

　このブックレットが明治 150 年を期して発行できたことは大きな意義があると思います。書店などでは、戦前の歴史を美化する書籍が多く見られます。明治以降の日本の侵略の実態を知ることは、戦場体験者がほとんどいなくなっている現在、ますますその重要性を増しているといえます。このブックレットが日本の侵略の実態を知り、再び戦争への道を歩もうとする動きを阻止する力になることを心から願っています。

　本書は、笠原十九司先生が本文を、編集部がコラムを担当しましたが、最後の廠窖大虐殺事件の項は、上田雅美さん（日本中国友好協会兵庫県連合会）に執筆のご協力をいだきました。

　さらに、落合由利子さん、大谷猛夫さん、鈴木賢士さん、澁谷廣和さん、「八紘一宇」の塔を考える会、中国人戦争被害者の要求を支える会、平頂山事件の勝利をめざす実行委員会、日本中国友好協会山形県連合会、同兵庫県連合会、同福岡県連合会から写真提供のご協力をいただきました。厚く御礼申し上げます。

　なお、村瀬守保さん撮影の写真は、村瀬さんのご遺族から日本中国友好協会が寄贈を受けたものです。

　また、P46「石田新作さん」の写真は『悪魔の日本軍医』（山手書房・1982 年）から転載しましたが、出版社が現存していないため写真使用の許諾を得ることができませんでした。P58「鈴木卓四郎さん」の証言も権利者を捜しましたが、出版社が変わっており、引き継いだところでは確認できず許諾不能との返答でした。関係者がおられましたらお申し出いただければ幸甚です。

2018 年 9 月 18 日
日本中国友好協会
「日中友好ブックレット 3」編集委員会
平山百子・保里十志男・丸山至・矢崎光晴

日本は中国でなにをしたか
──侵略と加害の歴史──

2018年11月21日	初版第1刷発行	
2019年2月4日	第2刷発行	
2019年9月2日	第3刷発行	

編　集　　日本中国友好協会
　　　　　〒111-0053 東京都台東区浅草橋5-2-3
　　　　　鈴和ビル5階
　　　　　TEL. 03-5839-2140　FAX. 03-5839-2141
発行者　　新舩　海三郎
発行所　　株式会社 本の泉社
　　　　　〒113-0033 東京都文京区本郷2-25-6
　　　　　TEL. 03-5800-8494　FAX. 03-5800-5353
印　刷　　音羽印刷 株式会社
製　本　　株式会社 村上製本
ＤＴＰ　　木椋　隆夫

乱丁本・落丁本はお取り替えいたします。本書の無断複写（コピー）は、著作権法上の例外を除き、著作権侵害となります。

ISBN978-4-7807-1913-0　C0021

侵略戦争の正当化を許さない真実

元日本兵が告白する加害体験
〜南京大虐殺、三光作戦、捕虜斬殺、生体解剖、拷問、強制連行…

DVD

「証言－侵略戦争3部作セット

価格5,000円＋税（送料別）
ガイドブック　価格1,000円＋税（送料別）

侵略戦争での自らの加害体験を語る体験者はきわめて少ない。『証言－侵略戦争〜人間から鬼へ、そして人間へ』「証言－中国人強制連行」「証言－20世紀からの遺言〜若者が問う侵略戦争」。このDVD「証言」3部作では、二度と再び同じ過ちを繰り返してはならないとの思いを抱く体験者が、「鬼」であった自らの加害体験を告白する。

DVD

「泥にまみれた靴で　－未来へつなぐ証言 侵略戦争」

価格3,000円＋税（送料別）
ガイドブック　価格400円＋税（送料別）

1931年から15年におよんだ侵略戦争で加害者となった兵士たちは、人間性を奪われ、鬼へと変わっていった。侵略戦争の深い反省に立って生まれた日本国憲法。罪を自覚し自らの体験を語り始めた兵士たち。「憲法をゆがめるのは戦争をするため」「過ちを繰り返してはならない」。侵略戦争を体験したかつての兵士たちは訴え続けた。

カレンダー

「中国 悠久の旅」

世界遺産をはじめとした雄大な中国の名所・旧跡などで綴ったカレンダー。予定も書き込める実用的なつくり。
- ●B3判（36.4cm×51.5cm）　●カラー13枚綴り
- ●定価1,200円（税込・送料別）

お申し込み・お問い合わせは
日本中国友好協会 〒111-0053 東京都台東区浅草橋5-2-3 鈴和ビル5階
TEL03-5839-2140 FAX03-5839-2141 E-mail：nicchu@jcfa-net.gr.jp

理解は絆を強くする。中国力で可能性を広げよう

中国百科検定

中国語の能力ではなく、歴史・地理・政治・経済・社会・文化・教育・スポーツなど多方面の知識を問う検定試験です。

©IKEDA AKEMI

受験コースは「初級」「3級」「2級」「1級」「特級」の5段階。どなたでも受験可能です。年齢、国籍の制限はありません。

·················· 初級の想定問題（4者択一）··················

Q1　麻婆豆腐は何料理？　①北京料理 ②東北料理 ③四川料理 ④広東料理
Q2　中国の首都はどこ？　①上海 ②北京 ③香港 ④青島
Q3　中国の正式名称は？　①中華民主主義人民共和国 ②中華連邦共和国
　　　　　　　　　　　　③中華人民共和国 ④中華人民合衆国

◎問題集
1,000円＋税（送料別）

好評販売中！

◎公式テキスト
2,800円＋税（送料別）

詳しくはホームページにて！
http://www.jcfa-net.gr.jp/kentei/

主催：日本中国友好協会 〒111-0053 台東区浅草橋 5-2-3 鈴和ビル 5 階 ☎03-5839-2140